在区角故事中对话成长

刘子涓 著

河南科学技术出版社
·郑州·

图书在版编目(CIP)数据

在区角故事中对话成长/刘子涓著. —郑州:河南科学技术出版社,2020.1

ISBN 978-7-5349-9773-0

Ⅰ. ①在… Ⅱ. ①刘… Ⅲ. ①学前教育-教学研究 Ⅳ. ①G612

中国版本图书馆 CIP 数据核字(2019)第 293399 号

出版发行:河南科学技术出版社

地址:郑州市郑东新区祥盛街 27 号　　邮政编码:450016

电话:(0371)65737028　65788613

网址:www.hnstp.cn

策划编辑:黄甜甜　张春龙

责任编辑:杨艳霞　乔伟利

责任校对:周青珠

封面设计:张　伟

责任印制:张　巍

印　　刷:河南博雅彩印有限公司

经　　销:全国新华书店

开　　本:720 mm×1 020 mm　1/16　　**印张:**14.5　　**字数:**225 千字

版　　次:2020 年 1 月第 1 版　　2020 年 1 月第 1 次印刷

定　　价:59.00 元

序

当前，党和国家高度重视学前教育，从中央到地方，各项政策和法规陆续出台，学前教育事业迎来了前所未有的发展机遇。尤其是党的十九大报告首次提出“幼有所育”，这为我国学前教育发展指明了方向。《关于深化教育体制机制改革的意见》为办好学前教育提出了任务书、时间表、路线图和施工图。

随着近年幼教事业的迅速发展，幼儿园数量剧增，管理者普遍要面对的一个问题就是教师年轻化。如何有效提升青年教师的专业能力，是基层幼儿园急需解决的现实问题。

《在区角故事中对话成长》一书，是由郑州市教育局教学研究室幼教学科主任刘子涓老师通过几年在幼儿园学科基地的持续研究负责编写的。该书立足与落实《3~6 岁儿童学习与发展指南》精神，致力于探索年轻教师专业能力发展的有效途径。该书以一位年轻教师为第一视角，通过这位年轻教师对幼儿园开展区角活动过程中涉及的空间、材料、规则、安全、组织、指导、观察等问题的思考带领读者一步步走上教师专业发展的常规之路。

该书具有较强的专业性和针对性，始终把幼儿教师的发展放在第一位，立足于幼儿园教师开展区角活动可能遇到的常见问题，通过问题解析、分项指导，引导教师逐步深化对幼儿园开展区角活动的理解、认识以及实践能力。

需要特别提到的是该书的编写框架。全书分为区角环境与材料、区角组织与管理、区角观察与分析等几个部分。每个部分都从常见问题着手，从“发现问题”“寻找方法”“效果验证”三个方面深入地剖析这些问题背后的教师专业发展空间和机遇，虽然所有的话题都围绕区角活动展开，但是该书真正聚焦的确是教师实际工作中解决专业问题的思路和方法。就是一本为年轻教师专业发展而专门编写的理论与实践结合的著作。相信研读该书对广大年轻教师的专业发展与提升具有显著的作用。同时对其他阶段教师的专业学习和发展同样有良好的促进作用。

中国教育科学研究院副研究员　高丙成

2019 年 6 月

前　言

《3~6 岁儿童学习与发展指南》(以下简称《指南》)中指出幼儿的学习特点是以直接经验为主，为满足幼儿直接经验的积累，幼儿园要提供充足的操作材料，使幼儿通过“直接感知、实际操作、亲身体验”获得直接经验。区角活动是以幼儿园提供的大量符合幼儿年龄特点的操作材料，满足幼儿全面发展和个性化发展需求的重要课程模式之一。由于区角活动是近年才受到重视并发展起来的，一些老师对区角活动的创设与开展存在诸多疑惑，为了提高幼儿园区角活动开展的有效性，郑州市教育局教学研究室（以下简称“郑州市教研室”）幼教学科从 2014 年下半年起在郑州市实验幼儿园和郑州煤矿机械集团股份有限公司幼儿园建立教研员研究学科基地（参与研究的还有郑州市中原区绿东幼儿园、郑州市管城区商城幼儿园的相关老师，在这里向她们表示感谢！）。通过实践研究、省课题立项，对区角活动的开展进行了系列研究，本书是研究成果之一。

对于本书，我们秉承结合幼儿园实际情况，解决教师具体困惑，提高教师开展区角活动能力的原则，几易其稿，最终确定按照现在的体例展示我们的研究成果。本书分为区角环境与材料、区角组织与管理、区角观察与分析及附录四部分。四个部分既有联系又各成体系，每一部分中以若干个教师在教学过程中遇到的实际问题为单位，一题一解。每一个小题都给出：问题—理论依据—参考解决方案（把相关理论与实际问题和场景结合呈现），以及老师针对相应问题的解决方法，让老师既知道怎么做也知道为什么这样做，避免盲目和流于形式。同时通过在解答每个问题时的体例重复："发现问题""寻找方法""效果验证"，给读者一个工作中解决问题的思路，形成发现问题的意识，掌握解决问题的途径。期待本书对教师特别是青年教师在开展幼儿园区角活动中有启发和引领作用。

对参与课题研究的郑州市实验幼儿园郝江玉、张莉、牛素芳、董晓妍、刘蕾、明培培、刘潇潇，郑州煤矿机械集团股份有限公司幼儿园孙巧枝、石颖丽、李静、谢璠、刘云、王卉、张晓妍、余长艳、赵肖晴、张利梅、郑懿、高雪梦、张艳丽等老师在此表示感谢！

特别是闫荣林、张毅两位老师，在课题研究、成果整理等方面做了大量的基础工作，在此表示衷心感谢！

由于水平有限，书中存在很多不足，希望专家和同行多提宝贵意见！

刘子涓
2019 年 7 月

目　录

第一部分　区角环境与材料

第二部分　区角组织与管理

第三部分　区角观察与分析

附录

第一部分 区角环境与材料

一、没有区角可以吗？

发现问题

新学期伊始，幼儿园组织教师学习新学期课程内容，安排新学期的各项具体工作，其中一项就有“区角创设”。有些年轻老师心中疑惑：孩子们通过集体活动进行学习不就可以了吗？为什么要创设区角？创设区角活动，孩子们不集中，老师不好组织，很浪费精力，不如集体活动省力省心。小王老师也有这样的疑惑：为什么要创设区角？没有区角可以吗？

寻找方法

请教师傅

小王老师带着疑惑找到师傅张老师，想知道为什么要创设区角。张老师问小王老师：“接到区角创设的任务，心里第一个想法是什么？”小王老师想了一下：“感觉有压力，不会创设也不知道怎么做。”“哦，这是因为你内心对区角创设不理解而产生了抵触。那么除了不知道怎么做，还有什么感受和想法？”小王老师认真想了想：

"区角创设有什么意义？区角创设的目的是什么？"张老师点点头："对了，这就是症结所在，因为不明白它的价值和在工作中的重要性，所以才会疑惑，一件事知其然还要知其所以然，才能做好。那我们就来谈一谈为什么要创设区角吧。"张老师开始围绕区角产生的条件和渊源进行介绍，小王老师才渐渐明白，区角竟然有这样的大用处。

区角活动是中国儿童教育领域的舶来品，由蒙台梭利首次提出，发端于西方，后来在理论和实践方面都有了长足的发展，其中比较有代表性的有蒙台梭利的区域活动思想、高瞻课程中的区域活动思想、光谱方案中的区域活动思想等。直到 20 世纪 90 年代初，一些留学归国人员把国外盛行的区角活动模式介绍到我国，国内才开始逐渐进行这方面的探索。

区角活动为幼儿提供了一个更加宽松、自由的活动空间。在区角环境中，每个幼儿可以选择自己感兴趣的活动，按照自己的学习方式和发展水平，自主选择内容和活动伙伴，主动进行探索、学习，找到适合自己的学习方式，体验到成功和快乐、成功与自信。这就使得区角活动越来越受到关注和重视。

区角活动更具有自由性、自主性，符合幼儿自由探索学习的特点，在这样的过程中教师的指导是间接的，且比较灵活，与幼儿互动的有效性更强。在区角过程中幼儿自选区角，自选材料，自选活动方式，自选学习程度与层次，从而获得个性化的学习与发展。

从其他途径获得的信息

了解到区角活动的重要性，小王老师迫切希望知道区角活动包括什么，区角活动和集体活动的区别是什么。通过上网、阅读相关书籍、查阅相关资料，小王老师发现区角活动是以幼儿的需要和兴趣为主要依据，结合幼儿园的教育目标、现阶段进行的教育活动等因素划分一些区域，如语言区、科学区、美工区、益智区等，在其中投放适合本区域特点的活动材料，遵循一定的区角规则，幼儿可以参与其中进行的自主活动。

区角活动注重幼儿的自主选择、自主学习，可以更好地照顾幼儿的个体差异，但有时也会出现幼儿重复已有经验，没有目标，效率较低的现象。集体活动效率比较高，教育目标明确聚焦，能照顾到全体幼儿的学习，但对个体差异照顾不够，容易出现操作学习不充分的现象。所以，基于中国幼儿的学习特点，区角活动对于集体活动而言是一种有益的补充，两者既有差异又互相补充，对幼儿的发展是有全面促进作用的。

行动方案

知道了区角创设的重要性，那就尽快动手干吧。先看一看班级环境，确定设置哪些区角合适，再想一想区角名字，咨询老教师先制订哪些区角规则，在孩子们活动时出现问题再做针对性地调整。先把目前适合本班孩子的一些益智玩具、生活材料、创作原材料、教具等按领域分门别类地投放进去，作为区角材料。让区角动起来，再根据更高的要求一步步深入。

效果验证

经过一番努力，班级的区角有了初始的模样。

孩子们在不同的区角中自然交流，自由穿梭，新奇地与材料互动。有的把自己的游戏材料玩法教给身边的小伙伴，有的把活动的操作学具一遍遍摆放，有的将生活中的盒子用来制作机器人，有的进行拧瓶盖比赛。孩子们在区角活动中拥有了自选的乐趣和自由交往的快乐。小王老师感觉到了轻松与惬意，原来区角活动的魅力就是“自主与有趣”啊！

二、什么样的活动格局是科学的？

发现问题

区角活动一开始，孩子们就高高兴兴地去各自选中的区域“上班”了 。豆豆站在科学区“小菜场”里摆弄着蔬菜玩具，等待着“顾客”的到来。“小银行”里的职员忙碌着为大家“刷卡”“取钱”，那里等待“取款”的顾客已经排起了长队。因为人数过多，孩子们就涌入了旁边的阅读区里，这样一来本不宽敞的阅读区拥挤起来，本来还能安安静静读书的两个孩子，也开始躁动起来。语言区有几名幼儿在操作材料，语言表演的孩子把纱绸频繁抛高，让其他孩子也无法安静活动。建构区里的孩子也在乒乒乓乓忙个不停，人数多、材料多，一碰材料就散落一地，抱怨、告状的声音就出现了。区角空间安排有大有小，并排在教室两侧，挤在一起，孩子们在区角活动中的状态不亚于赶集，热闹而无序。

不难看出，各个区角之间出现了等待和相互干扰的现象。教室空间有限，怎样布局各个活动空间才能科学有效地支持班级 30 多个孩子的游戏呢？

寻找方法

请教师傅

关于每个班级应该设置几个活动区，设置哪几个活动区，怎么设置这几个活动区目前没有统一的要求和规定。小王老师咨询张老师，张老师为小王老师提供了《河南省省级示范幼儿园评估标准（修订）》及相关文件进行参考。

文件这样要求：室内空间布局合理，能有效利用，各功能区之间通畅、无障碍物、无安全隐患，能满足幼儿一日活动中游戏、学习、生活等需要。活动区划分科学，相对安静，与活跃的区域互不干扰，且在教师视线范围内；各区域设置有利于幼儿以适宜的人数参加，并主动、积极、专注于游戏，有效促进幼儿各方面发展。活动区操作材料符合本班幼儿发展水平；材料的投放有一定的层次性和趣味性，可供幼儿独立使用，支持幼儿主动活动，满足幼儿个体发展需要。室内外活动安排合理，动静交替，组织紧凑，避免浪费时间。保证幼儿每天有适当的自由户外活动时间和自主选择区域游戏活动时间。

从其他途径获得的信息

没有区域环境和材料也就没有区角活动，所以，区域环境的创设至关重要。通过搜集学习，小王老师发现，教师对于区角活动的引导很大程度上是通过创设环境、投放能物化发展目标的材料实现的，所以，应该认真对待区域环境创设，创设过程中应遵循以下几条原则：

一、目标性原则

创设区域环境，包括投放材料，最突出的问题就是盲目，缺乏目标的导向，缺乏计划性和层次递进性。区域环境是教师“有准备地创设的环境”，本身就是隐性课程，会对幼儿有很大的影响，是幼儿园课程的组成部分。所以，教师应该把区角活动放在与环境创设和主题教学一样的高度看待，要与教学活动内容与目标一致，并围绕幼儿发展目标确定区域，投放材料，布置环境。

二、全面性原则

不同的区域功能不同，对应不同的发展目标。既然强调幼儿的全面发展，那么作为幼儿园课程的组成部分，区角活动就应该是全面的。全面性原则是指在同一时期创设的区域中应该既有促进幼儿动作发展、语言发展、社会性发展、认知发展的区域，又有促进幼儿个性和情绪情感发展的区域。如生活操作区的活动主要指向动作发展，角色游戏区和表演区主要指向语言和社会性的发展，益智区主要指向认知发展，等等。所以，贯彻全面性原则的前提是教师对于各个区域的功能有充分的认识，并与幼儿的发展目标相对应，落实在材料投放上。也可以利用公共空间（如走廊、楼梯间等）开设几个班级共同使用的区域，实现资源共享。采用各种手段鼓励幼儿到各个区角活动也很重要。

三、科学性原则

区域环境创设的科学性原则表现在方方面面：

1. 根据幼儿的发展特点和年龄特点选择恰当的区域种类和数量，如小班的生活区（含健康区）、娃娃家（含语言区、角色区）、小厨房（科学区）、点心屋（数学区）等；中班在小班的基础上加强建构区、种植区、健康区等；大班则可增加棋类益智区、锻炼手部精细动作的健康区、能进行各种丰富活动的表演区等。

2. 根据班级空间的特点，合理进行空间分隔和布局，避免动区与静区相互影响，如音乐区与阅读区需要有一定的距离。

3. 根据区角活动对水、电、光等因素的需要，合理确定区域的位置及其相互关系，如科学区就需要设在距水房较近的位置，或者美工区需用水粉绘画，可以设在水房附近。

4. 考虑区域之间的关系，让易于相互交往与合作的区域相邻近，如美工区与语言区可以毗邻，美工区的材料可以运用到语言区进行故事诵读表演等。

5. 根据幼儿兴趣和发展目标有层次地投放适宜的操作材料，如

数学区既有之前学习过的操作材料，也有现在掌握的操作材料，还有即将进行的活动材料。

6. 观察幼儿在区域的活动状况，并能根据幼儿的表现不断调整区域的布置，如区角在半开放的情况下，柜子、格挡、材料等摆放要明显通透，保证教师能够在任何一个位置都能看到孩子的活动状况，避免出现观察死角。

7. 通过对幼儿之间的交往互动和活动秩序方面的观察，对区域设置的合理性进行科学评估。

四、趣味性原则

趣味性原则在整个幼儿教育中都很重要，这是由幼儿的年龄特点决定的。所以在区域环境创设中应该更多地关注幼儿的兴趣和需要。注重创造性游戏（如角色游戏、建构游戏、表演游戏等）区域的创设，满足幼儿游戏的需要。投放的材料应该尽可能有趣、可操作性强，可以一物多玩。对于幼儿暂时不再感兴趣的玩具材料，可以暂时收存，过段时间再拿出来，或者与不同的材料搭配呈现，增强其趣味性。

五、互动性原则

区域环境最主要的功能不是美化而是教育，所以环境应该能引发幼儿更多的互动活动，实现幼儿的自主游戏、主动探索和学习。与人互动，良好的环境能引发幼儿更多的人际交往活动，只有在交往中，幼儿的社会性才会得到发展，幼儿才会习得与人交往的经验和技能，他们的语言表达能力也只有在运用的过程中才会发展。无论是对于环境的认识，还是对于数学概念的理解，或是科学概念的获得，都需要幼儿不断与环境和材料互动，在互动中慢慢积累感性经验。感性经验足够丰富时才会慢慢提升为概念，成为幼儿思维的基础。

六、安全性原则

区角格局的创设、材料的投放、规则的制订都要体现安全性原则。

行动方案

了解了这么多，根据班级的实际面积和布局进行个性化的活动区设置就是最好的选择！

根据实际测量的结果和班级孩子人数的综合考量，最后的行动方案是这样的：

充分利用班级室内的空间和走廊的空间，一共设置了六个活动区角。设置室内的四个区角时，考虑到各种原则和防止相互干扰的因素，小王老师把语言区安排在了教室最里边靠近窗户的地方。这里比较安静，而且光线也比较好。尤其是到了冬天，这里有一组暖气片，相对暖和些。在这样一个既安静又温暖的角落里，阅读对孩子们将会是很有吸引力的选择。为了防止干扰，小王老师在语言区的旁边设置了比较容易专注操作的美工区。美工区的位置靠近窗户，光线充足，与旁边的语言区和建构区可以相互协作，也可以独立活动。其他，如需专注操作的数学区，嘈杂的表演区，需场地拓展的建构区等也有了相对应的考虑及安排。

效果验证

重新调整好的区角活动空间，使得班级格局焕然一新。但是这样做到底有没有效果呢？之前孩子们游戏时相互干扰的问题是否解决了呢？

星期五的下午，又是一个班级区角活动的时间。小王老师特别注意了一下。之前出现的问题明显减少，游戏时相互干扰减少了，游戏的状态明显好多了。看来，有利于孩子的格局就是最科学的。

三、材料的安全隐患在哪里？

发现问题

“钓鱼”的材料是孩子们最喜欢的材料之一，它是用磁铁和曲别针相互吸引做成的。这是幼儿园开展科学月时家长和孩子一起制作的亲子材料，属于科学区的材料。家长用细竹竿制作了钓鱼竿，下面用丝线吊了一块小磁铁，用金属瓶盖做“小鱼”，每只“小鱼”的身体上粘了一枚曲别针，线的长短和钓鱼的距离决定着游戏的难度大小。一天，孩子们在玩的时候，萌萌“哎呀”了一声，然后找到小王老师说：“老师，我手疼。”小王老师仔细一看，孩子的食指指甲旁边扎了一根小毛刺。她赶快带着孩子到保健室处理。还好，刺扎得不深，用镊子轻轻一夹就拔了出来。不过孩子的小脸可不高兴了，孩子皮肤嫩，还是有点疼的。保健医生提醒，班级的材料要经常检查，有棱角、有毛刺、有破损的要及时处理，否则很容易伤到孩子。

游戏材料的安全性是幼儿园开展区角活动的首要原则，可是，具体到班级工作，安全性怎么去保证呢？怎么去判断游戏材料是否安全呢？

寻找方法

请教师傅

小王老师和师傅聊天时谈起了孩子的手被钓鱼竿扎伤的事情。师傅提醒到，安全是所有活动中的重中之重，保证安全是孩子活动的前提，也是家园工作的重点。购买的成品区角材料需要定期检查是否有破损、裂口、断开等情况，并及时进行处理。自制的材料有的存在安全方面的问题，如小竹竿、扎丝、PVC管、瓶盖、秸秆材料等，老师要提前进行处理，比如用软布包紧、海绵纸包边等，如果必须要使用易拉罐之类的材料，则要提前用泡沫、海绵进行软包、美化后再使用。还要注意及时清洁材料，防患于未然。

从其他途径获得的信息

所谓安全性，就是要避免幼儿在游戏时出现由于材料问题而造成的伤害，同时也要避免教师安排与组织的不合理对幼儿造成的伤害。

为幼儿提供的材料应是天然的、无毒无害的，没有污染、没有操作安全隐患的，最好是食品级材料。

首先，材料的安全是游戏安全的第一道关。

游戏材料、内容的选择也要具有一定的安全性。不能使用一些带尖的器具材料。游戏活动器械的提供及场景的布置一定要牢固、安全。比如玩抛球、接球游戏时，年龄越小越要注意安全，可以用一些又轻又软的大布包来代替球。因为幼儿的控制能力弱，有些幼儿不分轻重，接球时会被球撞倒，发生危险。尽量不要让幼儿接触到纽扣、玩具枪子弹、大头针、别针、图钉等。此外，还要时刻提醒幼儿注意安全，不要食入口中。用完之后，老师应该如数收回，并仔细检查。教师是全面负责幼儿安全的人。在实践中，教师要做到眼睛看得快，一旦发现一些危险物品，应及时进行处理。幼儿的一举一动，都不能脱离老师的视野。当幼儿出现了一些不安全行为时，教师应该及时阻止，要反复强调并提醒幼儿，时刻要注意安全。

其次，用科学合理的规则与要求，保障幼儿游戏时的安全。

在强调区角规则、安全及注意要点时，要重点强调活动中的注意点、区域的选择、人数的控制、材料的取放、区域常规的遵守等。

教师要培养并提高幼儿在游戏中的自我保护意识，在纠正中逐步养成良好的行为习惯。幼儿由于年龄小，自我控制能力差，所以安全教育光靠说教是不行的，需要让幼儿亲身去体验，积极参与。在游戏过程中，当看到幼儿有一些不安全做法时，教师应该马上制止并进行及时提醒，告诉幼儿这样做的危险性，并通过一些典型的例子对幼儿进行教育。由此，他们就会知道怎样做才是正确的，从讨论中得出结果，让幼儿懂得安全的重要性。

第三，心理氛围的安全感也很重要。

在指导过程中，教师应支持、启发和引导幼儿自己去发现问题、解决问题，让幼儿有操作、探索、设疑、解疑的过程，幼儿间有相互交流、解决问题的过程，使幼儿从中提高学习兴趣，获得身心的全面发展。教师还应尊重幼儿的想法和做法，不指责、不轻易评判，理解幼儿的不同行为，为幼儿营造一个宽松、自由、安全的心理环境。

行动方案

心动不如行动。小王老师马上和其他老师分区检查各种材料，一起检查购买的材料和自制的材料。一检查还真发现了不少问题：插塑玩具中有个别材料断开了；家长做的沙包有的开口了，里面的豆子漏了出来；毛根制作的动态小人扎丝露出来了；小竹竿制作的钓鱼竿出现了毛刺；放大镜的塑料外框裂开了；墙上悬吊的竹编作品松线了等。没想到小材料中有这么多的问题，小王老师和其他老师一起赶快整改。

效果验证

老师把不同材料出现的安全问题一一介绍给孩子们，并说明了后果的严重性，孩子们这才知道检查玩具这么重要。老师也把问题抛给孩子们：怎样才能及时发现材料是否危险？怎样做是安全的？材料怎样使用是安全的？孩子们还真有发现：小组长和其他小朋友收拾材料的时候检查材料有没有坏的、有没有破的；当使用尖锐的材料时不能对着自己，也不能对着别人；还有小朋友说使用小锤子时要戴上手套防止砸伤；还有小朋友说在室内活动时不能奔跑，特别是拿着大积木时要看看周围，不要碰到小朋友等。孩子们从生活中发现的安全经验让老师也感到惊喜。

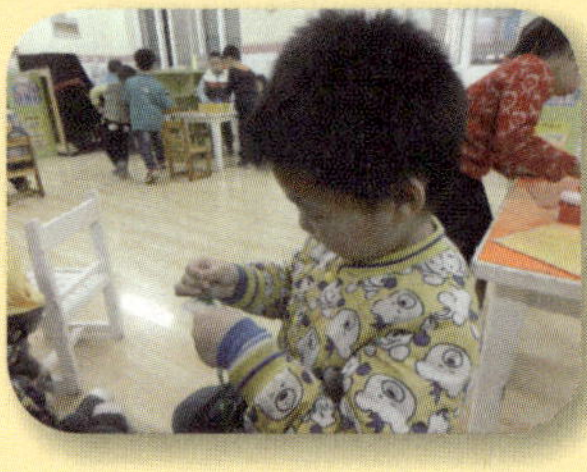

每一次活动前老师都要提醒孩子们：看谁眼睛最亮，会发现不合格玩具。孩子们在游戏的时候就多了一份小心，有时候一点点小裂纹都能被孩子们发现，孩子的安全意识增强了很多，区角材料安全的问题在孩子们的监督下解决了。

四、嘈杂，到底是哪儿的问题？

发现问题

经过一段时间的准备，班级的区角已经设置妥当，材料也都基本到位，幼儿也已经基本熟悉了区角活动的一些常规。每天看着幼儿热热闹闹地选区、游戏，小王老师有了一种实实在在的满足感。

有一天，园长路过，认真观察了一会儿之后，问小王老师：“你不觉得教室里有些嘈杂吗？”小王老师这才意识到，幼儿在进行游戏的时候，教室就像一个热闹的集市。虽然表面上看起来幼儿的兴致很高，但是相互干扰也确实很严重。随着噪声越来越大，幼儿说话的音量也越来越高。

到底是什么原因造成了这种现象呢？

是幼儿不懂得礼仪，不知道尊重别人，还是游戏的规则不妥，或者是游戏的组织甚至是游戏区角设置本身就有问题呢？

寻找方法

请教师傅

对于这个问题，张老师的解释是游戏常规不好，即老师应该在平时多提醒幼儿，要养成爱护玩具不随便毁坏，玩具共享不能独占或抢夺，整理玩具不能乱放或乱扔，友好合作、和平共处不干扰或捣乱他人的好习惯。

最后张老师郑重地告诉小王老师：只要把幼儿的游戏常规培养好了，每个人轻拿轻放，不与别人争抢玩具，教室里自然会井井有条，每个人认真地做自己的事情，嘈杂的问题自然也就不存在了。

张老师的解释和建议，给了小王老师很大的启发。经过一段时间的调整，情况确实有很大的改善。可是，相互干扰的问题还是会出现。甚至有的幼儿为了做到不影响其他区角的游戏，自己都不敢放开手脚玩了。比如建构区，幼儿害怕影响旁边阅读区的活动，个个都蹑手蹑脚的。时间一长，大家都不愿意去建构区了。

看来，单从常规和礼仪上进行调整是行不通的，还是要合理考虑各个区角之间的关系。

从其他途径获得的信息

关于合理设置活动区角的问题有很多的介绍：比如活动区角应该是动态的，并随着幼儿的需要不断变化；活动区角应该是形式多样的，以满足不同幼儿活动的需要；活动区角的材料应该尽量丰富，为幼儿提供自主选择的内容；活动区

角环境应该是安全有趣的；应该根据活动区各自的属性和特点安排各自的空间和相对的空间，比如动静分离，阅读区在采光好的地方等。

这样，不大的教室已经被分隔成六个相对独立的空间了。教室的中间是预留的一块空地。根据张老师的建议，小王老师把幼儿日常要用的桌椅紧凑地安置在了各个区角里面。这样集体教学活动时就不用频繁地挪动桌椅了。

行动方案

有了这些认识，小王老师便开始综合治理班级游戏时的嘈杂问题了。除了继续培养幼儿的游戏常规，主要还是考虑区角的空间设置。

首先，在靠近窗户的墙角设置了阅读区，并用柜子在周围作了隔离。为了方便阅读，还在阅读区添置了桌椅。

在阅读区旁边靠近窗户的地方设置了美工区，美工区与阅读区相邻是考虑到阅读与美工的结合。幼儿可以根据阅读的经验在美工区制作自己的图书，也可以把在美工区制作的图书放置在阅读区。比如，在开展《冬天里的阅读》主题活动时，每个孩子都会利用美工区的工具和材料制作一本自己的图书，然后老师可以组织幼儿把自制的图书投放到阅读区供大家分享阅读。同时，美工活动和阅读活动都属于比较安静、专注的活动，可以互不干扰。

在阅读区的另一边，设置了益智区。益智活动有比较专注安静的，也有比较热闹激烈的。

紧挨着建构区的是表演区，这是班级内比较吵闹的一个活动区角。

教室的其他空间分别设置了角色区和科学区。

效果验证

经过这样空间上的合理划分，幼儿游戏时嘈杂的现象确实改善了很多。

当然，每当同时开放建构区、表演区时，教室里还是有比较大的声音的。这些已经不是主要的噪声，因为活动是积极有序的，这就是好的效果了。

五、吊饰，有没有标准？

发现问题

随着区角活动成为幼儿园的工作重点，围绕着环境布置和材料投放的研讨活动自然就多了起来。

对于小王老师来说，是真心想把班上的区角活动开展好，但实际的困难也是真的不少。比如，到底该不该在布置班级环境的时候放手使用吊饰呢？小王老师听过一些专家的讲座，有的旗帜鲜明地反对，有的则是积极支持。反对者说的有理有据，支持者似乎也挺有说服力。

为了迎接下周的环境评比，今天的教研会刚好讨论环境的布置，吊饰这个问题今天一定会再次被提起讨论。

小王老师提前搜集整理了一些资料，带去参加教研活动。随着思考的深入，关于吊饰的疑问也越来越多。到底吊饰有没有标准呢？

寻找方法

从其他途径获得的信息

幼儿园的环境要立体呈现，这样有助于营造整体的氛围。

在幼儿园的教育活动中，环境作为一种“隐性课程”，在开发幼儿个性方面，越来越引起人们的重视，幼儿园环境布置也渐渐成为幼儿园工作的热点。所以说，幼儿园环境布置，绝不是装饰品，也不仅仅是硬件设备的堆砌，而是和教育相互依赖、相互包容、相互影响的，两者是一个不可分割的共同体。因此幼儿园环境布置对幼儿园的日常教育活动和游戏活动起着重要作用。它不仅具有装饰、美化幼儿园的作用，还可以营造良好的学习与游戏的氛围。所以，吊饰是幼儿园课程通过环境立体呈现的一种重要手段。这也是各个幼儿园在布置环境的时候，都会出现吊饰的原因。

幼儿园的环境创设要考虑孩子与环境的互动，幼儿园生活的各个环节都囊括了幼儿学习的机会与探索的需要。使环境深度地支持幼儿的各种发展需求是教师在布置环境时必须要考虑到的重要问题。

说到幼儿与环境的互动，很多人首先就会想到，让幼儿参与到环境的布置过程中去。幼儿在布置环境的过程中能自然而然地提高动手能力、想象力、创造力、合作能力等多方面的能力。幼儿通过动手、动脑，在参与环境布置的过程中，获取了新的知识经验，也得到了能力上的提升。而幼儿对自己布置的环境也有一种特殊的钟爱和亲切感，这样会激发幼儿更充分地与环境相互作用。在幼儿参与布置的过程中，能充分发挥他们的主体作用。

同时，各种悬吊的装饰物似乎本身就蕴含着与幼儿互动的各种元素与可能性。但是这种装饰方法也有需要注意的地方。

首先，不是什么地方都可以有吊饰的。窗户是房子的眼睛，更是室内采光的主要通道。如果在窗户上挂上许多吊饰，就会影响班级的采光。

其次，不是怎么悬吊都可以的。如有的老师为了省事，在布置环境的时候，直接把大量彩带从天花板上悬吊下来就不妥。

再次，幼儿园环境装饰的位置不能太高，以至于教师花费大量的时间创作大型壁画，虽美观、华丽，但作用微乎其微。

大家是这样说的

经过激烈的争论，最后大家达成了一些基本共识：

首先，室内环境布局要合理。

每面墙壁设计什么板块，教师要有计划：如，教室后面的主墙面，应该突出“主题互动”，因为“主题互动”内容较多，其他墙面可以设计一些常规性的互动内容，不需要太多的空间。各个板块大小要均匀，高低错落有致，体现美学观念，高处部分，可以放一些供幼儿欣赏的作品。墙饰布置要生动形象、富有美感：墙饰布置不仅仅体现教育价值，还应具有审美价值。在设计墙饰背景或图案时一定要美观，能吸引孩子的注意力。墙饰空间饱和度适宜，不是越多越好，而且要与孩子的身高一致，一般在1.2米左右。

其次，确定目标，激发兴趣。

确定主题，明确目标：互动墙饰的主题应该是孩子们感兴趣的，并与教育目标和内容相适宜。通过这些小主题，让墙饰与教育内容和目标与幼儿互动起来，主题内容随着学习活动的开展而不断发展和深化，使幼儿能不断主动获得有益经验。创设情境，激发兴趣：在创设互动墙饰中，有时教师选择的主题不是幼儿的兴趣点和关注点，要让墙饰与幼儿互动，达到教育的目的，这就需要教师想办法去激发兴趣。

第三，适时更换，保持新鲜。

幼儿园的墙面装饰，不仅仅是为了美化，还在于它必须服从教育的需要，是完成教育目标的一种形式和手段，它能诱发、引导，甚至直接决定幼儿活动的结果。将教育的主题内容转化为形象具体、色彩鲜艳、生动有趣、赏心悦目的墙饰，即寓教于墙饰之中，使墙饰发挥潜移默化的教育和熏陶作用。

第四，室内布置有技巧。

在活动室内可以为孩子们设置建构区、图书区、美工区、科学区、自然区、生活区、语言区等。在活动室设置瓷砖墙面，为幼儿提供了即兴作画的新天地。瓷砖墙面光滑、洁白、易画、易擦、易清洗，是幼儿作画的最佳场所。用纸贴画布置幼儿园环境的方法：这里说的纸包括吹塑纸、绒纸、旧挂历纸、手工纸和不干胶纸等。这些纸粘贴出的作品，色彩鲜艳，画面生动，具有一定的艺术效果。

第五，吊饰使用要合宜。

门口、窗边，尽量不要使用吊饰来布置，因为这样不仅显得凌乱，还会影响教室的采光。另外，吊饰也不适合大面积使用。当然，在位置高低适合的地方，悬吊一些吊饰也是可以的。如果选择适当，不但不会凌乱，还会为幼儿增添不少互动的机会。

效果验证

取消大量随意的吊饰后，最大的变化就是教室的空间整体感更强了。悬挂物品的安全问题也不复存在。

六、要全面还是要特色？

发现问题

作为一个美术爱好者，小王老师总想在班级的环境布置上把重心多倾向美术一些。但是又担心，作为老师过多地关注美术，会造成幼儿接触其他方面材料和学习机会的减少。全面与个性之间的关系到底应该怎样去平衡，对小王老师这样的青年教师来说确实是一个很典型的问题，即班级区角创设是要内容全面，还是要体现班级特色？

寻找方法

请教师傅

这个问题被小王老师抛给张老师的时候，小王老师能感受到张老师的纠结。作为小王老师的师傅，张老师也没有绝对的答案。

虽然没有确切的答案，张老师还是从幼儿园一贯的传统出发，告诉小王老师“关于区角，还是每个方面都有才符合幼儿的发展需要”。

从其他途径获得的信息

满足幼儿的各种需要是区角设置的第一原则。区角活动是幼儿在游戏区（或称活动角、活动区）中所进行的某种特定活动。那么，区角活动的空间设置首先要遵循幼儿的发展需要和发展规律。

第一，区角活动的安排、设计，环境的创设，材料玩具的提供，要符合幼儿的年龄特点，考虑幼儿已有的生活经验及能力，使幼儿在原有基础上得到发展。例如，小班幼儿在游戏中常常参与平行游戏，即各人玩各人的，彼此玩的游戏是相同的。因其生活经验贫乏，接触社会的范围小，教师在设计小班的区角活动时，要根据孩子的特点，可在一个区角内多放几套相同的材料；在指导方面也应以具体的示范、参与指导为主。

第二，区角活动的设计与指导应体现层次性和循序渐进性。例如，小班幼儿活动的目的性较差，主要依靠物体本身的生动、新颖和颜色鲜艳吸引他们。而到了中、大班，幼儿活动的计划性、目的性逐渐明确，活动的结果成为吸引他们进行活动的主要原因。如在进行建构区活动时，小班幼儿积木的颜色要丰富，形状可少些，但数量要充足。在指导方面则着重于帮助他们学会独立构造物体，并能表现物体的主要特征。而对于中班幼儿，积木的形状可以增加，还可以提供一些辅助材料。指导方面则要求他们进行有目的、有计划地构造。

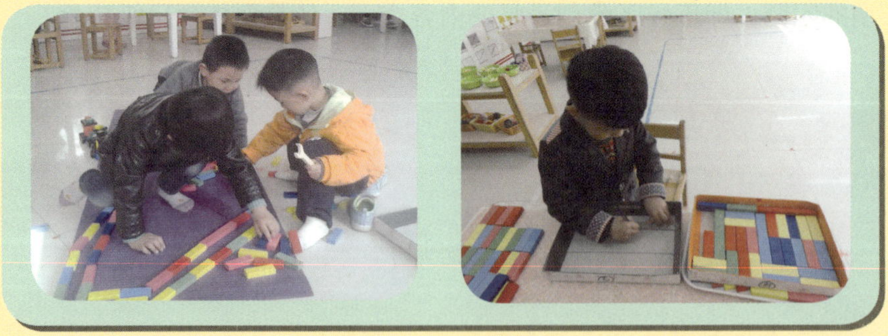

到了大班，可以提供更多形状的积木和丰富的辅助材料，要求幼儿学会通过协商共同构成一个复杂的大型结构物。假若一套积木从小班玩到大班，小班是搭小房子，到了大班还是搭小房子，这是不可

取的。

第三，将整个活动室的游戏环境作为一个动态系统，发挥整体优化功能。例如，娃娃家的“爸爸”可以到“建筑工地”上班，美工区可以为表演区制作道具等。由此可以衍生出许多的游戏情节，促进幼儿创造力和想象力的发展。但是，这个动态系统要建立在幼儿自觉自愿的基础上，要由幼儿创造，教师只是为他们创设一定的环境，并引导他们想象新的游戏情节，而不是由教师指定。

因此，区角的设置应该是全面促进幼儿的发展，这就要求区角的设置不能以偏概全。只有保障区角的全面性，幼儿的全面发展才能得以实际地支持。

除此之外，教师个人特点在班级教育教学及游戏活动中的作用不可忽视。老师在发挥作用的时候，个人的兴趣、爱好、特长等，会潜移默化地影响班级的教学活动和游戏活动的质量和色彩。所以，区角活动在每个班开展的过程中，虽然总的要求是一样的，但是各个班级的实际效果却各不相同，教师擅长的方面就会突出与多样，这就是教师个人素养和专长对班级活动产生影响的直接体现。因此，在全面的基础上，班级某个区的面积大一些，内容材料多一些，凸显这个区的丰富与多样，也是可以的。

行动方案

幼儿的发展需要全面地开展各种区角活动，而老师在具体的操作和执行的过程中，又往往会打上自己的烙印。看来，班级区角活动的设置是全面与特色的关系，全面是基础，特色是个性表达；而特色又是添彩的，全面设置的区角，只有辅之以特色，才会引导幼儿游戏深入进行。

效果验证

小王老师在教室创设了五大领域活动区，美工区多了一些课程延伸的内容，材料更加丰富多样。每个区都以共同的美术特色装饰风格进行装饰和美化，整体呈现出美观和艺术性，每一个区角体现领域特点与课程的结合，外部整体丰富，内部变化不同。小王老师又总体审查了一遍各个区角。一是为了看看是否能够涵盖所有领域和方向；二是为近期开展的教育教学活动预留课程延伸和拓展的空间。

现在，每天区角游戏时间，美工作品在不同地方呈现，但不同区角又有各自的学习内容与特点，整个场面的基调围绕美工而生，但并没有喧宾夺主，一切都是完整而协调的。

七、文字，孰是孰非？

发现问题

近期，小王老师一直在琢磨班级区角设置过程中区角名称、游戏规则及主题墙上文字的问题。

由于文字基本上是成人的表达和理解方式，区角名称、游戏规则以及主题墙上的文字，其刚出现的时候，幼儿基本上是陌生的。问题来了，这些高于当下幼儿理解水平的抽象符号的出现对不对呢？说它不对，是基于幼儿理解的原则，这些文字的出现是不合适的。说它对，是因为如果总不出现这些常见的文字，幼儿就少了接触文字的机会。

文字的出现孰是孰非呢？

寻找方法

小王老师带着不解去找张老师："孩子的文字学习不就是在周围生活中实现的吗？区角活动中的文字也是为了让孩子感受文字的作用和会认文字才专门打印出来的呀！"张老师笑了笑，给小王老师讲了一个故事："我有一次去国外旅行，到了那里人生地不熟，语言不通，会的外语也不多，看到他们的文字简直像看天书一样，只能凭借文字旁边的图标才知道厕所、餐厅、银行等在哪里，否则这些文字对于我来说，一下子认识或了解还真是难事。想一想，孩子没有认识那么多的文字，在这样的环境里，文字是给谁看的？我们便利了谁？"

小王老师一下子听明白了，她认真思考了一下，孩子平时通过文字看规则，更多是看图。方便的一定是成人，一看就明白材料名称玩法规则，这是出于成人观察社会生活的习惯而来的。原来是自己的视角出了问题。那么能不能用文字呢？

张老师说，简单的文字，便于孩子了解就行，如区角的名字：

小画家等，就可以用图加文字的形式，看图知道是哪个区，文字辅助知道是干什么的即可。

从其他途径获得的信息

《指南》指出：要让幼儿对图书和生活情境中的文字符号感兴趣，知道文字表示一定的意义。培养目标里面提出，把幼儿讲过的事情用文字记录下来，并念给他听，使幼儿知道说的话可以用文字记录下来，从中体会文字的用途。教育建议里面提到，结合生活实际，帮助幼儿体会文字的用途。如买来新玩具时，把说明书上的文字念给幼儿听，了解玩具的玩法。

结合近些年关于幼儿园环境中文字的问题，小王老师收集了大量的关于文字在环境中出现的资料。其主要观点可分为以下几种：

其一，创设语言文字环境，促进幼儿语言发展。创设良好的语言环境是开展语言文字工作的关键，因此无论是显性的文字提示、家园宣传栏、学习园地等，还是隐性地体现在平时的教育教学过程中以及教师有机渗透等，都是很好的环境刺激。为幼儿提供丰富适宜的语言文字环境可以潜移默化地促进幼儿语言能力的发展。

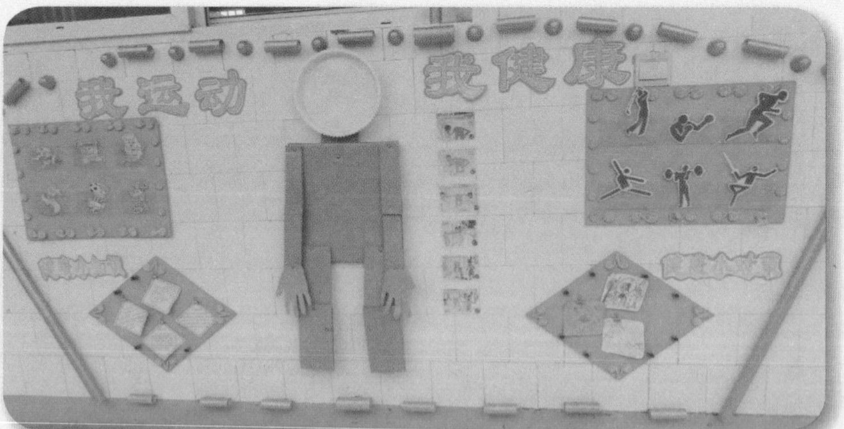

其二，采用图或图文结合，符合幼儿认知能力发展水平。幼儿以具体形象思维为主，抽象思维能力发展水平不高，幼儿对文字的认

知和理解存在一定局限性。而幼儿对生动形象的图画则具有比较好的解读和理解经验。所以，对于幼儿园的环境布置来说，图文结合是比较恰当的策略。

其三，幼儿园出现的文字应该规范。0～6岁的孩子正处于语言发展的关键期，幼儿园作为语言文字教育的基础单位，应当承担起语言启蒙教育的重任。所以在幼儿园出现文字的时候，一定要使用规范的文字。不要使用一些变体的、过度美化的、不规范的文字。只有这样，对幼儿的语言发展才是真正有意义的。

根据以上规则，小王老师对班级内的所有文字进行了筛查。小王老师对于一些常用的、结构比较简单的文字，予以保留。对于那些不常用的、结构比较复杂、比较抽象的文字，小王老师则进行了剔除。

保留下来的文字，一方面进行了规范化处理，另一方面则配置了辅助性的图片。对于那些剔除的文字，则用图画去表达其意义。

效果验证

经过一番整顿，室内的文字更符合幼儿的认知需要和理解水平了。之前幼儿看不懂游戏说明，不断向老师寻求帮助的情况得到了解决。

班级区角的标示和规则有了改变，孩子们入区之前观察规则，看到图示指引就和孩子们一起讨论什么意思，怎么做，老师在旁边观察，及时引导。步骤图示给孩子们带来了很大的方便，玩一个材料就观察步骤图，很快就操作起来。孩子们完成作品后，老师在孩子的作品上记录下孩子的创意和想法。更多的是孩子能看懂图示能自主操作，这是小王老师感觉到非常欣喜的。

原来文字的熏陶需要社会大环境，而孩子的环境创设一定要适合现在孩子的水平和学习特点。

八、五色，全用还是选用？

发现问题

已经有好几个同事向小王老师说起教室内颜色让人不舒服的问题了。也许是自己的审美水平有限，或是自己审美出现疲劳，或是自己在布置环境时的重点有偏差。总之，小王老师对教室里的颜色搭配一头雾水。

这种情况下，小王老师只好请经验丰富的张老师来替自己把把关。张老师在教室里端详了一圈，喃喃自语："确实有点不舒服，是不是颜色用得太杂造成的？"此时，小王老师恍然大悟。由于自己平时不太注意整体规划，使用颜色确实太杂了，但实际可操作的案例也很难找到。

那么，对于教室里的颜色选择该怎样进行呢？

寻找方法

通过查找资料，小王老师发现，教室的色彩布局真的是很讲究的一件事情，还有人专门研究教室的色彩环境与学生心理成长之间的关系。比如就有人通过研究发现：教室里良好的色彩搭配会带给学生亲切、放松的感觉，减少学生对学校的陌生感。

最后，小王老师在老教师建议的基础上，结合自己搜集到的资料，将教室环境布置过程中应该遵循的色彩原则总结如下：

首先，要确定主色。环境中主题确定后，并不是所有主题的颜色都能意会，需要考察资料进行确定。根据主题创造出与之相适应的环境，这样能够激发幼儿感受美、表现美的情趣，发挥环境的教育功能。例如，“民俗”主题首先要凸显一个“俗”字，还要能体现民间文化。可想而知要凸显“俗”字，在颜色中首选红色和绿色，传统的图案就是红牡丹配绿叶。

其次，限定辅色。还以上面的例子来说，在找准红色和绿色之后，接下来就要剖析：什么样的红色搭配什么样的绿色？两种颜色在空间位置上各占什么比例？如何使这两种对比色变得调和？显而易见，淡绿配玫红，玫红配翠绿加白，朱红对淡绿或大红颜色为主，淡绿色为辅等。深浅搭配，主次分明。

第三，因人而异。幼儿园要了解每个年龄段幼儿的年龄特点，小班需要温馨、静谧的环境；中班需要愉悦、欢快的环境；大班需要抽象的文字符号为支架的人文环境。以小班幼儿为例，小班幼儿年龄较小，刚入园原有的生活规律被打乱，生活失去秩序感，难免会产生焦虑的情绪。小班在班级环境上要营造温馨、静谧如家的环境，在颜色中粉色系最能营造温馨的氛围，其中在粉色系里，粉红和粉蓝搭配是最理想的。或是粉红系列点缀白色，或是粉蓝系列中点缀白色，看起来活泼安定。

第四，风格一致。室内环境的装饰用色、纹样、边框装饰等能够保持一致，内容有变化，大小有不同，但在风格上保持一致，能够体现活而不乱。

效果验证

经过一番调整，小王老师重新规划了教室里的颜色。颜色的种类用得少，颜色使用也不像以前那样随便了。为了检验自己的劳动成果，小王老师特意请了几位有经验的老教师来评判。大家一致的感受是，调整后色彩带给人的感觉好多了，而孩子们也更喜欢这个大教室了。

九、装饰物、材料的高度，以谁为基准？

发现问题

今天园长进班听课，临走的时候指出教室里的环境布置得很精心。但话锋陡转，明确指出，很多材料的布置高度不合适。比如主题墙的高度普遍在 1.5 m 以上，这明显高于幼儿的身高，且不说限制了幼儿参与环境创设，幼儿看起来也不舒服，游戏时也极不方便。园长希望小王老师认真思考，尽快调整。

对于小王老师来说，问题就是：教室里装饰物、材料的高度有什么具体的依据？

寻找方法

通过收集资料、学习，小王老师了解到幼儿园环境的创设应该有利于对幼儿进行生动、直观、形象综合性的教育，使幼儿得到全方位的信息刺激，激发幼儿的学习积极性，使幼儿得到情感体验和知识启迪，从而促进幼儿的全面发展。以幼儿为本是幼儿园环境布置的首要原则，环境创设与高度体现了教师以谁为中心的教育理念。之前小王老师对这一原则的理解主要体现在内容的选择上，而环境布置的高度一直是被忽略的问题。

在幼儿园中，教师与幼儿是教学活动的主体，受传统教育理念的影响，教师在传授知识与带领幼儿进行活动时往往处于主导地位，幼儿是跟随和服从的一方。在进行幼儿园环境创设时，同样如此。但是，幼儿参加生存环境的建设和改善，对促进他们的发展大有裨益。也就是说，幼儿在积极参与环境创设的过程中，会产生积极的互动效果，有助于幼儿的心智发育和动手能力的提高。这就需要教师在日常环境创设中，多多引导幼儿参与。一方面，教师要考虑幼儿的性格和爱好，选择他们感兴趣的内容，鼓励幼儿积极参与，勇于表达自己的想法，并自发、主动地参与，可以让幼儿自己观察周围的环境，寻找合适的材料，自己动手予以装饰；另一方面，教师要适时地参与和引导，营造与幼儿共同合作的氛围，让幼儿感觉到是通过自己和老师的通力合作才完成了园内环境的创设，双方缺一不可。以上两方面的锻炼，可以使幼儿的思考能力得到加强，动手能力得到提高，并培养幼儿的自我表达能力和合作意识，让幼儿知道劳动的可贵和保护环境的重要性。

行动方案

要保障幼儿成为班级环境创设的主体，首先高度设置要考虑幼儿的身高和视线高度。考虑到幼儿的平均身高，0.8~1.2 m是幼儿与环境互动最佳高度。

根据这一标准，小王老师带着配班教师重新审视了一下班级环境布置的高度。结果很惊人，在适合幼儿互动的区域，大多布置着不太适合幼儿参与的内容。难怪幼儿在教室里的活动，一直围绕着游戏的材料。小王老师也曾尝试引导幼儿关注环境里的空间和素材，但是效果都不明显。

调整之后，小王老师把一些展示性的材料安排在了相对高一点的地方，而在相对低一些的地方则设置了幼儿可以参与的互动涂鸦、游戏说明等内容。

效果验证

简单地调整，就带来了明显的效果。涂鸦活动现在成了幼儿最喜欢的活动之一，作品展示、幼儿观察和欣赏的时间明显增多，孩子和墙面互动起来了。

十、主题墙有没有主题?

发现问题

今天教研的时候，教研组长提出了一个很有哲理的问题“主题墙有没有主题”。

幼儿园《纲要》指出，环境是重要的教育资源，应通过环境的创设和利用，有效地促进幼儿的发展。幼儿园主题墙的创设，是丰富幼儿园教育环境、优化教学手段、提高教育质量的一个重要途径。幼儿园主题墙作为幼儿园环境的重要组成部分，不仅要给幼儿以美的感受，陶冶幼儿情操，更应该给幼儿提供主动参与、共同制作、积极探索、发挥想象的良好空间，真正实现主题墙与幼儿良好的互动。

教研组长提出这个问题是有原因的：很多班级主题墙的布置和使用是五花八门的。有的直接成了幼儿优秀作品展示墙，有的则成了幼儿未完成作品暂存处，有的成了教师示范作品的展示墙，还有的简直就是一个大杂烩。

那么，到底应该怎样设计主题墙的主题呢?

寻找方法

请教师傅

小王老师一边思考，一边认真地聆听老教师的发言。

张老师是教研组内颇具资历的老教师。张老师对这个问题的看法是：主题墙是集中展示班级教育教学活动过程的空间。也就是说，主题墙要精心设计，思路清晰，把这一段时间班级开展的主题活动凸显出来。简单地或平均地展示幼儿的作品，不太合适。

可具体该怎么做呢？实施的框架和方法是什么？张老师的发言对于年轻老师来说显得不够具体，小王老师没能从中得到有效的答案。

接下来的讨论，张老师的意见得到了大家的一致认可。具体各班应该怎么做，组长建议大家集思广益，各显神通。每个班级的情况都不相同，教研组长也不可能给出一个万能的公式。

从其他途径获得的信息

除了观念的改变，行为落实才是最为重要的。

如今，主题墙饰已成为幼儿园主题教学活动的重要手段。在开展主题的实践活动中，老师与孩子、家长一起参与，一起合作，创设了一个又一个主题墙饰，这其中有预设的主题活动墙饰，也有在主题不断深入中生成的主题活动墙饰。

随着主题教学活动的深入开展，主题墙作为“主题教学”不可分割的一部分，也引起了关注。为了使主题墙创设更好地服务于主题教学活动，更好实现与孩子学习的互动，幼儿园组织了一次“如何创设主题墙”的交流、研讨、探索与评比，从中得出几点主题墙创设的思路。

主题墙的创设需要遵循以下几个原则：可视性，即幼儿能够看明白，乐意欣赏，感受到美观和有趣。主题性，主题墙的主题要明显突出：内容与主题息息相关，一目了然，很明确地展示了什么主题，表现了什么主题目标，呈现了什么主题成果等。互动性，就是内容贴近幼儿生活和经验，孩子乐意讲、乐意听，有亲身体验的内容，有可操作性内容等。

行动方案

小王老师决定在布置主题墙之前，先设置体现近期教育教学活动脉络的主题。

比如“春来了”的主题，先把主题课程的几个分题的关键词呈现在主题墙上，然后用箭头把几个关键词衔接起来，或者也可以用分板块的方式来呈现。这样，每进行一个分题，就用幼儿的作品或活动的照片或图书的内容把这个主题板块充实起来。于是主题墙就为“表面呈现主题的内容—丰富饱满的主题思想—主题思想的意义延伸”等。也可以上面创设春天的环境和作品，下面创设可操作性与可观察的内容，凸显春天的主题，尽可能地创设春天的情景，让孩子能体验春天的感觉，感受春天的美丽，并有内容可供细细品味，学到知识，让孩子身临其境。

效果验证

经过一段时间的探索，主题墙不仅有主题了，也能与幼儿互动了。幼儿每天都会对着主题墙谈论之前进行过的内容。

看来，教研组长当初的问题并不准确。不是“主题墙有没有主题”，而应该是“主题墙怎么凸现主题”。

十一、区内墙，有无开发指南？

发现问题

区角活动开展以来，孩子们选完材料就在各自区的桌子旁边坐下来进行游戏操作。小王老师用相机拍下孩子的活动瞬间。小王老师观察到照片背后的墙面，除了窗台上的绿色植物，其他都是空空的。观察一下班级的区角墙面，几面都是白白的，而班级的区角柜子里塞得满满当当，柜子上面也有许多材料。小王老师回忆了一下，看有的班级区角创设的时候感觉很丰富，但是为什么自己班级的材料也不少，可就是感觉不到空间的丰富呢？什么地方出了问题？

园长说区内墙面不能只起装饰的作用。但是，区内墙面怎么利用才合适呢？

寻找方法

请教师傅

小王老师到张老师班级去参观，一进门就有丰富温馨的感觉。小王老师提出了问题："怎样才能让班级墙面很丰富，墙面怎样利用才好？"

张老师说："一个班级就像一个家庭，墙面也要有文化。有了墙面的利用，班级就会看起来丰富生动。""怎么利用才合适呢？"小王老师迫不及待地提出了下一个问题。只有真正了解创设的原则，才能创造出属于自己的空间和特色。

张老师耐心地讲道：墙面的利用首要原则是为孩子操作、学习服务。可以是材料的操作，比如说立体材料，可以在墙面上直接进行互动的，如健康区的穿编，语言区的排图讲述、头饰表演，数学区的分解，益智区的大版五子棋等，墙面可以具有直接操作性。其次墙面具有解释说明性，比如使用剪刀的步骤图、折纸的方法、筷子的使用方法、插塑玩具的使用方法等；科学区小动物的生活、睡眠、生活习惯或者植物的生长过程等都可以用图示说明的方式在墙面出现。另外

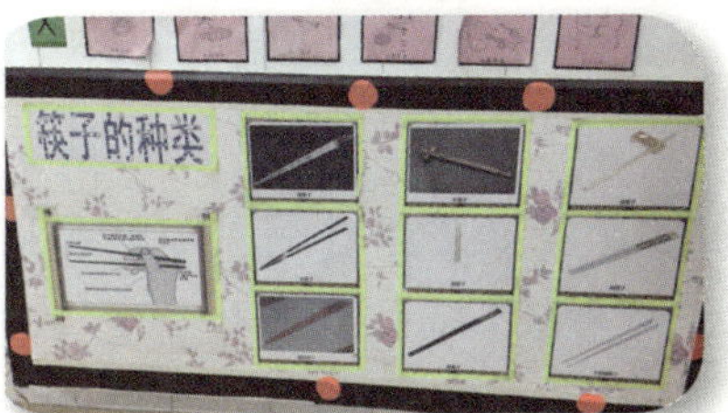

孩子的作品展示，如美术作品、语言故事作品、手工作品等；建构作品图片、孩子的活动照片及家长和孩子一起搜集的资料都可以在墙面上展示出来。但是，不是每一面墙壁都要使用，活动室里适当的留白也是很重要的，墙面的布置也需要艺术性。就像国画一样，有实有虚，有留白有聚焦才会显得空间有秩序，丰富有变化。

张老师还讲到，活动室里的色调和活动区墙面整体的呈现风格尽可能保持一致，就能够实现变化中有统一，统一中有变化的美感。

行动方案

回到班里，小王老师和其他两位老师开始着手计划整理班级墙面。确定几个区，如健康区、数学区、益智区和美工区等作为重点的墙面加工对象。其他区适当留下空白避免视觉拥堵。然后确定每一个区呈现的内容、呈现的方式、装饰的整体色调，考虑孩子观察使用的高度，接着就是材料和内容的投放了。

效果验证

几个区墙面的加工大功告成。孩子们入区活动，不再只局限在桌面和室外地面，孩子与墙面互动起来，教室里有了更多的活泼与生动。孩子在区角中选择使用的玩具材料，通过墙面观察了解材料操作步骤，小朋友们一起讨论小动物的生长和变化。似乎空间的开发对孩子的兴趣有了新的拓展，新鲜的环境带给了孩子不一样的感受。

墙面空间的利用把活动室变成了孩子的家。

十二、区角名字知多少？

发现问题

明明和浩浩在建构区完成了一个“庞大”工程之后，决定把建构区命名为“建筑工地”，而且强烈要求老师也把“建构区”的名牌换成“建筑工地”。也许在孩子们的心目中，“建筑工地”比“建构区”更加具有吸引力和亲近感。

小王老师细想下来，觉得确实有道理。以前的名称都是成人化的，改成“建筑工地”更加符合幼儿的心理。

区角的命名也是一门学问，可是这门学问的规则是什么呢？区角名称该怎么起才合适呢？

寻找方法

给活动区取名字，是每个教师在创设活动区时必须做的一件事情，目的是分辨各个区角功能。

活动区设置的科学性与合理性一直以来都得到了老师们的重视。

但是活动区的命名却存在着较多的误区。比如有的班级直接用建构区、美工区、益智区、角色区等体现领域属性的书面语名称，有的班级采用脱离幼儿生活经验的流行词汇名称，此外还存在一些名称书写不规范、张贴悬挂不合理的问题。

要解决这些问题，就必须切实考虑幼儿的需求。其中，最关键的就是活动区的命名应该适应幼儿的生活经验和理解能力。

游戏区角的命名除了要适应幼儿的理解能力与兴趣，还要遵守一些规则：如活动区的命名应该体现游戏的关键属性，应该使用规范字体，应该图文并茂，活动区名称的呈现应该选择适宜高度等。

效果验证

这个学期，小王老师在创设活动区时，进行了积极的思考，结合《纲要》《指南》精神和幼儿的年龄特点，将班级活动区的名字进行了更改。

小王老师请幼儿为建构区起名“小小建筑师”，操作区为“动手做一做”，益智区为“想一想，玩一玩”，阅读区为“大家来看书”，等等。孩子们不仅很快记住了活动区的名字，而且对活动区产生了高昂的兴趣，都能积极热情地参与到活动中去。

小王老师把自己的做法和其他老师分享，大家发现，中大班幼儿能够自己给区角起名字，因为他们理解了区角所做事情的特点和方法，小班幼儿需要老师根据孩子的生活经验起各种通俗易懂的名字，如“× × 的家”或“我会玩”“画一画”等帮助孩子记忆理解区角

的内容。通过给活动区取名字这件小事，小王老师深深地感受到：不论做任何事情都要站在幼儿的角度，以幼儿的眼光来看问题，设身处地地为幼儿的发展着想，只有这样才能真正地走进幼儿的童心世界，了解幼儿、尊重幼儿，使他们身心得到和谐的发展。

十三、环境的源头活水在哪里?

发现问题

新学期要开始了，班级的区角需要开始创设了，材料怎样投放呢？投放哪些材料才合适呢？环境怎样创设呢？区角材料该怎么投放才时用时新呢？是自己上网查找一些材料仿照着做一做，投放在区角让孩子玩就行了吗？

新学期的课程也需要很多的精力，有没有什么办法有机结合课程与区角游戏环境、材料，从而提高效率呢？

寻找方法

请教师傅

小王老师感觉到了压力，去请教张老师。

下午，正好是教研时间，张老师在引领大家熟悉新学期的课程。张老师根据小王老师提到的问题，先讲了一句点题的话：没有和课程结合的区角活动是无源之水、无本之木。有课程的引领区角活动才能不断深入和变化丰富。

“为什么这样讲呢？区角材料和课程有什么联系呢？”小王老师提出了自己的疑惑。

张老师说，课程的落实不是仅凭一节活动就能体现出来的，而是通过区角活动、游戏和生活活动课程的有机结合才能整体实现教育目标，所以区角活动是课程的重要组成部分。在课程主题目标的指导下，教师有目的地引导幼儿开展系列活动，在区角中投放相应的材料才能使课程深入和延展。因此，材料投放应具有目标性，应根据近阶段的教育主题目标和幼儿的活动需求及时投放活动材料。如结合《秋收》的主题活动，围绕“让幼儿了解秋天是收获的季节，发现丰收果实的特点，了解秋天小动物和环境的变化”这一活动目标，在生活区可以围绕课程投放石榴、柿子、橘子等水果，也可以投放南瓜、花生、红薯、胡萝卜等果实。观察每一个主题下的分题小单元，每一节活动的操作教具与学具，都可以成为区角材料，而且根据活动的延伸，开发出相应的材料内容投放在区角中，材料就具有了层次性和目的性。如果要使每一种材料都受孩子欢迎，还要考虑自己班级孩子的年龄特点和学习特点，也可以在孩子互动的过程中提供多元的材料，比如社会性活动区域——超市，为幼儿提供大量的红色包装纸、卡纸和各种礼盒等，让幼儿通过在超市里加工、分类、采购和互赠水果、礼品等活动，从而达到落实课程活动目标，促进其社会性发展的目的。

原来区角活动是课程的一部分，也是课程的实施、延伸和拓展，围绕课程创设材料既可以解决学具的问题，也可以丰富孩子的学习内容。

行动方案

知道了是什么，怎么做还是一个问题。

从查阅课程教参开始，选择目前适合孩子操作、渗透性强而且能够与秋收主题紧密结合的内容创设区角材料；然后根据具体内容设计材料的玩法目标，要能玩还要有趣。结合课程内容考虑数量和投放的顺序，近两周的可以先投放，后面几周的逐步投放；有单个材料投入，也有批量生产的材料。材料的情境设计和游戏性要考虑到：大班孩子喜欢竞赛，中班孩子多一些情境，小班的孩子如果操作就需要平行游戏的多一些。方案越具体操作越方便。小王老师和同伴很快就把材料方案制定下来，下一步是材料准备，有自制的，也有需要家长和孩子配合完成的。区角材料开始丰富起来了。

效果验证

根据材料循序渐进的原则，每一个区角有定量定项的材料，都和课程息息相关，有的是将要进行的课程，先在区角里面投放，如认识粗粮玉米，老师把带皮的玉米放在科学区，又把其他的粗粮，如谷类、杂豆类、块茎类植物，投放在科学区，孩子可以剥玉米，可以画玉米，也可以粘贴玉米，用筷子夹放豆子、玉米给粗粮分类等。孩子们在区角里面认识了这些材料，在集体活动中能够很清晰地介绍每一种果实的特点，还提出了为什么只有白色的精米白面是细粮，其他颜色的粮食是粗粮，为什么有黑色的食物等问题。如果没有区角材料的前期认知，孩子们不可能有这么细心的发现。

小王老师发现区角材料在课程的实施过程中起着重要的作用，帮助孩子复习熟悉，也可以进一步拓展经验，更能够提前丰富孩子的感性经验，有一些难点问题在区角活动中自然地就解决了。而且有一些内容在区角活动中孩子分批、分次参与操作，这些课程就可以悄悄地淡出集体活动了。

真正把区角活动和课程联系在一起，小王老师发现了区角活动是因“为有源头活水来”的课程而日渐丰富。

十四、材料多，就一定好吗？

发现问题

幼儿园要组织幼儿建构游戏大赛，为每个班增添了很多木质建构材料和插塑类建构玩具。孩子们在玩建构游戏时，有的孩子会一下子选择很多材料，堆积在一边，边选边搭；有的孩子把小的积木材料整体端过来摆满桌；有的孩子选择大的建构材料不断垒高，出现了碰撞倒塌的现象。班级材料很多，看起来孩子们玩得热火朝天，可是材料堆积过多，缺少组合，还有的材料孩子不知道玩法胡乱拼插，原有配套材料被冷落。小王老师感觉班里闹哄哄的，区角活动没有原来那么有秩序了。本想着给孩子更多的材料孩子会玩得更好，谁知会出现这样多的问题。

为什么材料多了反而出现了这样多的问题？材料真的越多越好吗？

寻找方法

请教师傅

小王老师到张老师的班级去观看，发现张老师班级的材料也很丰富，但是没有像自己班级那样乱糟糟的。小王老师发现，张老师班级的材料没有那样琳琅满目，有的材料还数量有限，新发的材料有的还没有踪迹。孩子们在选择材料的时候会发现材料不足，然后想办法把原有的材料再次利用，每一类的建构材料基本上都能够被孩子们用到。特别是班级建构的场地，大型的在室外，小型的在室内或桌面，大小结合也有，孩子们的空间利用比较充分，没有出现闹哄哄的场面。小王老师有点疑惑，难道材料不是有什么就投入什么，有多少就投多少吗？让孩子每一种材料都能够接触使用，不是能满足孩子探索的需要和激发孩子的兴趣吗？为什么张老师的班级会这样投放呢？

张老师看出了小王老师的疑惑。她请小王老师观察孩子的行为后，问道："东西好吃能否每一餐都给孩子所有的？吃的多少和种类是否需要一个度呢？"同理，材料就如同孩子的营养，是否所有的营养同时都给孩子，孩子就能都消化了呢？不是的，一切都需要适度，也就是适当的意思。饮食中主要食材多一些，平常吃的可以一次减少一点，定期更换一些新鲜的食物，孩子就会感到新鲜有变化。一样的，孩子的材料和我们饮食的道理是相通的。原来的材料需要逐步更换，因为孩子的经验需要累加重复，新材料需要有层次投放，让孩子有熟悉和掌握的过程，材料的数量与孩子使用率有一定的关系。"物以稀为贵"，适当减少一些，孩子会知道材料要节约着用，还要想办法用，这样材料才会物尽其用。这就是材料投放的适宜性。

小王老师似乎听明白了张老师的意思，但是她还想了解一些关于材料适宜性方面的内容。

从其他途径获得的信息

搜集区角材料和适宜性，小王老师有了一些发现。

首先，确定了区角材料的投放是决定活动区成效的关键。皮亚杰曾提出这样一个观点：“儿童的智慧源于材料”。要使幼儿在游戏中得到发展，就必须提高游戏质量，而影响游戏质量的关键因素就是游戏材料。

区角材料投放的适宜性直接关系幼儿的发展，材料的适宜性主要体现在材料的层次性。材料投放的层次性，是指教师在选择、投放操作材料时，能够预先思考，将所要投放的材料，逐一与孩子通过操作该材料可能达到的目标对接，按照由浅入深、从易到难的要求，分解出若干个能够与幼儿的认知发展相吻合的、可能的操作层次，使材料“细化”。材料投放的层次性能使在不同发展阶段的幼儿都能通过与适宜材料之间的互动来获得相应的发展。“细化”后的材料能为幼儿提供更多的选择和发展的空间，使他们在活动区游戏时，能够有更多的机会按照自身的发展和能力来选择合适的材料，从而更快更好地进入与材料的互动中，获得更积极的发展。

小王老师发现细化材料的层次是她最大的收获。建构材料哪些难，哪些容易，每一种有哪些玩法，每一类的数量，搭建一类成品可能用到的材料，及材料之间的组合，这些都是她没有思考过也没有体验过的。真正了解材料，需要从老师深入了解材料开始。

行动方案

小王老师回到班级没有马上开始收拾材料，而是和班级另外两名教师一起玩起了材料，先进行材料的预操作。班级的区角材料有7~8种，木质大型材料有近100块，长的、中长的、短的、三角的、半圆形的、扇形的、圆柱形的等，每一类材料都有10块以上，用这些材料搭建发现越高越要小心，因为平衡和稳固的关系，更主要的是材料是木制的，有一定重量，掉下来会砸疼孩子，那么这一类材料就适合在室外空旷的场地进行，避免孩子之间的碰撞，注意材料的安全使用。小型的原木积木和彩色积木比较轻，每一类有 100 块，彩色积木是每一种颜色 20 块，搭建小型的建筑主体，可在小的空间进行，地面或桌面均可。其他的插塑材料，有圆形四孔的、有四面插接的、有雪花片、有长方形四角按接可弯曲的、有正方形插槽式的等，插塑的种类不同，有的还有顶部造型和其他的辅助材料体现情节。这样一看一玩，小王老师发现小建构大世界。材料这么多，一下子玩出来水平，掌握建构的技巧，体现建构的经验和方法还真不是容易的事，难怪孩子玩着玩着就半途而废了，而且堆积的多，真正有建构水平的少，是老师没有考虑到孩子的经验不足，一下子都堆给了孩子，孩子的选择没重点，就像吃饭一样，食物吃得太多太杂，导致“积食”了，需要通畅管理。

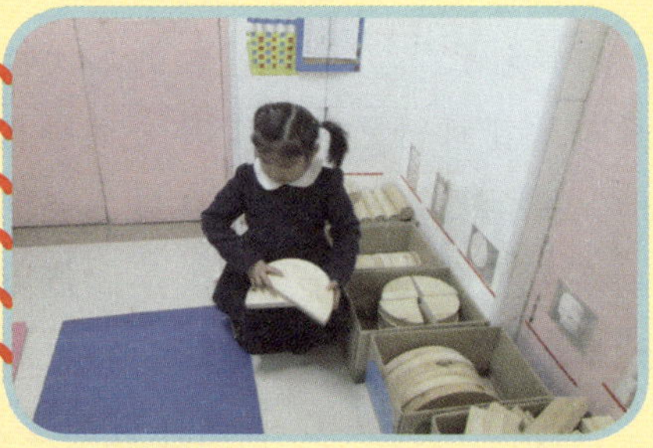

小王老师和其他老师根据建构材料的难度和平常观察到的孩子的兴趣，把材料的投放数量和顺序作了以下调整：大型木质建构材料可以使用，但要根据每一次的任务单来取材料，一次活动的任务单只有5~6张，每张任务单上有建构的造型和可以选择的积木种类与数量，任务单上的材料取够就不能再取，要根据造型要求和材料进行组合搭建主题内容。小型木制积木彩色的和原木的各投放一半，孩子根据需要按需取材料，一段时间后再更换颜色，增加数量。插塑积木把圆柱形和雪花片、圆点方块先进行投放，然后再逐步投放其他材料，一次1~2 种，根据参与建构活动的人数和空间大小控制投放数量，便于管理和幼儿使用。可根据孩子使用的情况调整数量，常玩的、喜欢玩的数量较少再增添，多了就适当减少。

这样调整完，小王老师满怀信心地又开始了对孩子建构区活动的观察。

效果验证

建构活动开始了，孩子们发现材料有些不一样了，建构的空间有了变化，而且有的有主题，有的是自由创作的，孩子们觉得很新奇。在开始之前老师又讲解了每一类材料的数量和玩的基本要求，孩子们选择材料时有了思考，不再盲目。

小王老师发现有的建构材料玩法不明确，孩子想象不出来更多的玩法，就把建构材料更多的玩法搜集打印出来制成步骤图，方便幼儿观察学习。建构区开始有秩序了。

在后期建构材料的使用中，小王老师发现，材料使用和更换体

现在两个层面，一种是种类适当丰富，数量不用太多；一种是不用一次性投放，要有层次投放，逐步投放，根据难易程度投放。增加材料时不要完全替换，是替换而不是轮换。层次性也可体现在时间上，同一时段出现不同难易材料，里面材料逐渐更换，一部分一部分替换，如三筐，可逐步换成新的，这样孩子使用材料的经验有持续性还有发展。

小区角大学问。不亲自做一做，还真的发现不了解决方法呢。小王老师觉得区角越来越有意思了，区角的变化和材料的特点越来越吸引人了。

十五、材料跨区使用可行吗？

发现问题

乐乐在健康区玩用筷子夹材料的游戏。夹的材料有海绵块、乒乓球、大小不同的豆子、小木块等。乐乐夹完海绵块后，开始夹乒乓球，把球一个一个夹进竖着的透明管道中，看每一个管道用几个乒乓球能盛满。这时角色游戏区的慧慧过来寻找材料，她对乐乐说："把这个（乒乓球）当成鸡蛋，帮我做饭吧。"乐乐一听，就端着乒乓球的托盘到角色游戏区，用筷子夹"鸡蛋"做鸡蛋饼。游戏结束了，乐乐把材料端回了原来的玩具柜。

看到这一幕，小王老师心想：能不能两个区角同时使用同一种材料呢？

寻找方法

请教师傅

带着疑问，小王老师和师傅一起探讨两个区角能否同时使用同一种材料的问题。师傅针对材料的特点进行了介绍：皮亚杰曾说过“儿童的智慧来源于操作”，操作就需要材料，材料是孩子学习的载体，教育目标物化就是这个道理。

区角材料根据孩子的兴趣和需求进行投放，可以做到一物多用。

主题游戏的材料在区角中能够根据区域特点更换玩法进行使用，而区角材料通过组合使用在主题游戏中赋予情境新的玩法，各个区角活动材料之间不是固定不变的，而是存在着相关联系、互动作用，所以教师在投放材料的时候，就需要考虑到材料之间的组合使用。

如果根据材料单一的属性进行操作，就适合一个区角；如果材料改变属性来玩，如做游戏时作为基础性材料参与，在其他区角中更换玩法也是可以的。材料玩法、情景创设、教师引导是材料操作的三个关键。材料作为集体教学和区角活动的链接纽带，材料的主题性和主旨性得以体现。如：粮食成熟了，就在科学区认识粮食，之后在健康区投放相应材料帮助孩子积累生活经验，或者请幼儿用筷子夹取来练习精细动作。在美工区也可以用来绘画、造型等。

但是材料的使用需要提示孩子物归原处，在哪一个区角取的材料要送回原处，这是保持区角活动秩序的前提。

从其他途径获得的信息

通过搜集相关资料，小王老师发现区角材料的组合与更换有新的意义。第一种是区角之间材料的组合与拆分能够推进区角之间的

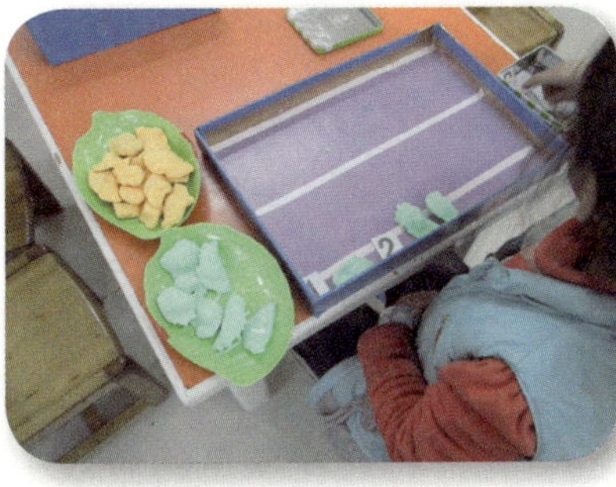

互动，也就是说材料的不同玩法和空间的拓展，使每个区域之间互动界限随时变化，空间更自由，材料的增加、变化不重复出现，达到材料数量少使用率高的目的，教师对材料和区角的组合要随时观察并指导。第二种是原来的区角材料在同一个区里面可以更换玩法，出现新的使用效果。

区角材料的巧妙移置，有助于引发区角之间的互动。教师有意识地将区角材料更换位置，将幼儿作品投放在不同的区角中，以此引发幼儿在两个区角之间的活动互动。也可以把原来的材料更换玩法规则，使材料焕发新的生机。

行动方案

既然材料能够跨区使用，而且区角材料组合与拆分，能够推进区角与区角之间的互动，那么老师就可以为孩子制造更多的多元化使用材料的机会。

小王老师把美工区的一些幼儿作品放置在语言区，请幼儿进行故事创编，又把建构区一些玩的时间长的老材料悄悄地和角色区娃娃家的一些低结构材料进行更换；把数学区的一类材料展现 2~3 种玩法标示供幼儿选择使用，健康区的材料也悄悄地出现在了角色区的窗台上，有的建构材料通过步骤图例更改了玩法。材料有的减少了一些，有的进行了组合。

效果验证

区角活动开始了，孩子们对材料的变化有的有疑惑，有的没有太大反应，直接选择自己需要的材料。在活动过程中，孩子们有了新的变化，材料在孩子的游戏中有了新的作用。在游戏开展之前，老师用语言暗示孩子可以根据需要变换玩法，也可以根据新的规则进行游戏，但最后要物归原处。孩子们在活动中材料有了新的使用方法，改变环境就可以改变思维，改变思维就可以有新的创意，孩子玩起来真的有不一样的发现。

小王老师发现：材料，只要是为了促进孩子发展，有目的地进行跨区使用是可行的。

十六、高结构，还是低结构？

发现问题

一天，琳琳和轩轩来到益智区，选择了刚投放的“抓糖果”玩了起来。起初两人轮流掷骰子，掷出数字后就将相应数量的糖果放到相同颜色的小筐中，可是到了如何补足六颗糖让自己获胜时，就出现了问题，轩轩一直获胜，琳琳似乎对再给哪个小筐补齐多少糖果有些糊涂，不知所措。这可怎么办？对于能力水平低的幼儿该投放什么样的材料令其在最近发展区获得成就感呢？是高结构的材料还是低结构的游戏材料呢？

寻找方法

请教师傅

所谓低结构材料，就是结构松散，可变性强，内容宽泛的材料，如拼插雪花片、单元积木等。在现今大力倡导幼儿自主性活动的形式下，低结构材料发挥的作用日趋重要。

废旧日用品、插塑玩具，结构化程度相对较低的材料，都属于低结构材料，它们对幼儿游戏行为的限制比较少，幼儿可以凭借自己的经验、能力、兴趣，充分地想象，并赋予材料独特的意义，但低结构材料适时适宜提供对教师有很大的挑战，教师只有不断地观察、研究孩子，排查、挑选最适合的材料，才能使孩子在安全、有趣的活动中学习、游戏。低结构材料必须贴近孩子的生活，能引起孩子对生活经验的回忆，并不断满足他们继续探索的兴趣，使他们的学习变得更有意义。

高结构材料，其目标指向明确，多以知识、技能传授为中心，被视为传授预先建构好的知识体系的“捷径”，如拼图、迷宫等。高结构材料的玩法相对固定，其使用过程由教师发起，以教师计划为导向，蕴涵着教师预先建构好的知识体系，系统性较强，操作时有一定规律和规则可循，幼儿按照预设的流程操作即可。高结构材料的投放注重操作结果，且多数有自我纠错功能，便于检验结果是否正确，如部分蒙氏教具就属于这一类。

合理搭配高低结构材料

通过师傅的讲解，可以看出高结构材料与低结构材料虽都能促进幼儿的发展，但对幼儿的学习效果会产生不同影响。高结构材料将诱导幼儿产生特定的作业活动，是材料控制幼儿，它可在短时间内，带来学习知识技能的即时效应，但其训练式地操作会磨灭幼儿爱探索的天性。低结构材料将诱导幼儿产生自主行为，是幼儿控制材料，能促进幼儿主动建构自己的认知框架，它对幼儿的自主选择、挑战困难、增强自信等方面能产生不可估量的作用。

高结构材料和低结构材料是针对玩法和材料之间的结合度来说的，看似高结构的材料若经过合理的开发利用，可向低结构材料转化；看似低结构的材料，若玩法过分限制，会向着高结构材料转化。当把完全低结构化的材料和完全高结构化的材料看做是区角活动材料的两个极端时，在这两个极端之间存在着无数种状态，玩法越开放，越接近低结构化，玩法控制性越高，就越接近高结构化。

因此，区域中投放的材料如果是单一的、一成不变的，那么幼儿将无法与操作材料产生相应的动态性互动，就不能也无法获得多方面能力的提高和各种经验的积累，因此如果在区域活动材料的投放中多考虑其层次性、递进性，将能够满足幼儿的不同发展需求。

最终，小王老师在师傅的帮助下，确定了高结构材料和低结构材料融合的实施方案。比如，幼儿在操作低结构材料的过程中，若存在集体无法解决的共性问题，教师则可有针对性地根据该问题，提供相关的高结构材料，协助幼儿摆脱发展瓶颈，解决共性问题之后，再回到低结构材料的探索之中，如此循环反复，高结构材料、低结构材料互相交融的螺旋上升式指导有效促进了幼儿的发展。

效果验证

小王老师在益智区增添了制作糖果的游戏内容，材料多样，有搓的有团的，根据每个瓶子上面的数字制作投放。还有的在浅浅的长方形盒子里投放几个材料，如彩色瓶盖或纽扣代替糖果，请孩子用接着数的方法补充糖果数量，原材料数量不同，填补的糖果数量也不一样。还有在纸质的卡片上用粘贴色点的方式进行糖果数量补充。材料多样，层次多种，可以多样选择。通过这样的调整，琳琳对糖果游戏的兴趣又被激发了起来。高结构材料和低结构材料的搭配，不仅解决了这两种材料提供上的冲突，还利用两种材料的优势进行互补，从而更好地促进了幼儿的发展。

十七、玩好材料的关键是什么？

发现问题

大班健康区最近投放了新的材料“辫子”。这些“辫子”有的是在平面图形上穿编的，有的用卡纸穿编，也有的用粗的丝线穿编。还有一些材料是像花瓣一样的玩具，花瓣一片片散开，可用来做立体材料穿编。起床后老师给小朋友辫麻花辫，有的孩子看到了就开始模仿。老师灵机一动，就把辫辫子的材料投放在健康区的窗台上，供孩子选择。老师分别用宽的丝带和带弹力的棉布条、彩色毛线做辫辫子材料，有两根绳子一组的，有三根绳子一组的，也有四根绳子一组的，拴系在粘在窗台上的粘钩上，供孩子们辫辫子用。

材料投放进去后，孩子们兴趣很高，饭后活动、区角活动都会有孩子光顾，但是没过几天这个地方开始人员稀少了。

老师很纳闷，孩子挺喜欢的材料为什么来的人越来越少了呢？通过观察发现，有的孩子拿起绳子一下一下拧了拧，手一动松了，绳子散了，还要重新开始；有的用三根绳子胡乱绕，没有人能编出来像样的辫子。原来是孩子们的积极性受到打击了。

投放的新材料怎样才能让孩子真正操作起来呢？

寻找方法

请教师傅

小王老师不得其解，去咨询师傅，这些内容是来自于孩子的生活也来自孩子的兴趣，为什么孩子反而不愿意做了呢？师傅问道：孩子真正感兴趣的是什么？孩子辫辫子的经验有多少？老师给予了孩子哪些支持？这样一问把小王老师问愣住了，是啊，老师热心地为孩子提供材料是因为看到了孩子的兴趣，那么，孩子感兴趣的是材料还是玩法呢？如果是玩法，孩子前期没有立体辫辫子的经验，使用绳子不够顺手，不能熟练运用就辫不成辫子，孩子就只能自己试试，不成功就放弃了。看来问题出在老师的引导和对孩子经验的帮助上。

从其他途径获得的信息

《指南》说明部分的实施原则提出：尊重幼儿发展的个体差异。幼儿的发展是一个持续、渐进的过程，同时也表现出一定的阶段性特征。每个幼儿在沿着相似进程发展的过程中，各自的发展速度和到达某一水平的时间不完全相同。要充分理解和尊重幼儿发展进程中的个别差异，支持和引导他们从原有水平向更高水平发展，按照自身的速度和方式到达《指南》所呈现的发展“阶梯”。那么孩子辫辫子经验的阶梯在哪里呢？应该是分解难度、分解动作，还要让孩子与绳子充分互动，灵活使用手指。给孩子搭建操作的梯子，让孩子的学习更主动、更生动。

行动方案

让孩子看到操作的方法，生动、直观，那就用步骤图吧。简单的步骤图，有三种颜色的绳子，一种颜色的绳子先放在中间，然后对侧的绳子压过来，接着第三种颜色再从另一边压过来，一步一步，辫子变长。两根绳子在一起可以用拧绕的方法，用图片一步步展示出来。还可以展示编好一部分的辫子供孩子发现、续编，老师带领孩子观察认识步骤图，然后再手把手地教孩子拉绳子，编绳子，这样孩子很快就掌握了。

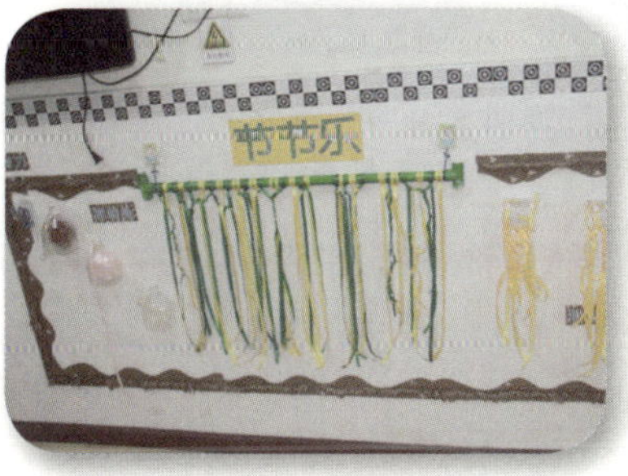

效果验证

让幼儿一看二做的方法在班级实施以后，辫辫子的孩子一点点多起来。有一天饭后活动，有一个小姑娘站在窗台旁边低着头辫辫子，小手一上一下编得很认真，只看辫子一点点变长。小王老师在旁边看着不忍心打扰，就用照片记下来孩子专注的样子。辫子越来越长了，原来孩子学习是这样润物细无声的！当孩子放下手中的辫子时，眼睛

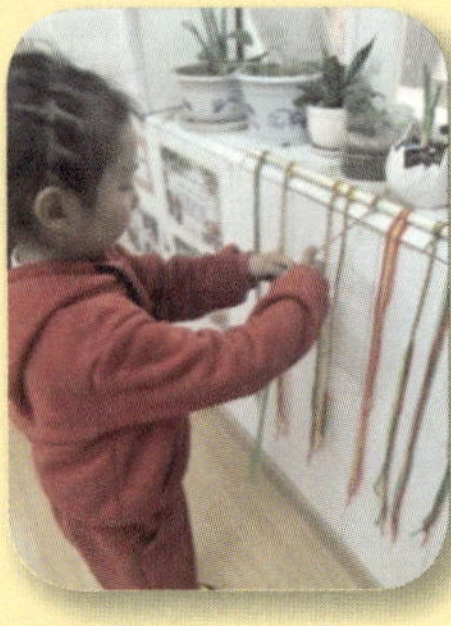

里面充满了满意的神情，老师忍不住一声惊呼：“啊，太棒了！你竟然编出了这么长的辫子！真是能干的孩子啊！”孩子羞涩地笑了，这个不爱多言的小女孩儿脸上洋溢着自信。

后来步骤图和半成品展示法在美工区的创作、健康区的操作、益智区的玩法展示都有了用武之地。孩子们熟悉了这种观察学习的方法，在拼摆七巧板时，孩子观察图例，对比形状和位置，玩得很投入。在环境无声地指引下美工区的孩子们的作品完整，创作有序，玩法越来越丰富。

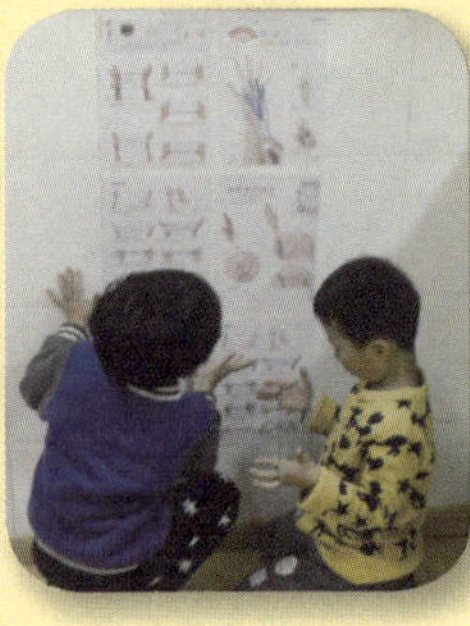

由此可见，孩子的学习一定要搭建必要的经验之梯，这样，孩子的发展才会更加顺利。

十八、破损的材料有价值吗?

发现问题

区角材料有很多种类，有购买的，有自制的，也有成品和半成品。孩子们在区角活动中选择自己喜欢的材料。小王老师发现孩子对制作的飞行棋特别感兴趣，几个孩子三三两两地进行比赛，看谁的小飞机飞得快。每个小飞机上面的飞行员是自己的照片，很神气。一次，一个孩子来告诉老师：飞行棋玩不成了。小王老师耐心地问怎么了，孩子说：棋盘坏了。老师嘱咐孩子要爱惜材料，然后做了修补。后来又有孩子拿着家长和孩子一起制作的纸箱房子做建构游戏，也出现了材料破损的情况。生活老师整理区角时发现破损的材料就问小王老师是否需要处理掉，还说："自制的材料容易坏，让孩子少玩点就好了。"

小王老师有点犹豫了，自制的材料该不该让孩子多玩？怎么做才合适呢？

寻找方法

请教师傅

小王老师带着问题去找师傅张老师，讲出了班级出现的问题和自己的困惑。张老师笑了，她把《指南》取出来，请小王老师再次阅读“说明”部分的内容，并指出孩子的学习“要珍视游戏和生活的独特价值，创设丰富的教育环境，合理安排一日生活，最大限度地支持和满足幼儿通过直接感知、实际操作和亲身体验获取经验的需要”。还重点指出了“直接感知、实际操作和亲身体验”这几点。

张老师问了一句：“材料为谁服务？”小王老师脱口而出：“为孩子啊。”

张老师又问：“坏了怎么办？”小王老师：“修一修。”

张老师追问：“谁来修？修的目的是什么？”

这一下可把小王老师问住了，修的目的不就是把材料修好让孩子继续玩吗？

师傅没有直接告诉小王老师修的目的，只是说：想一想，修的目的是什么？为什么要这样做？

从其他途径获得的信息

小王老师带着问题思考，修补的目的是什么？张老师为什么会这样问？修补的目的不就是让孩子能继续玩吗？材料就是让孩子学习的，修理对孩子也是一种学习吗？有多大作用呢？带着疑问，小王老师开始翻阅图书查阅资料。她发现关于区角材料的作用评价，给了她一定的启示。不同区角材料具有不同的教育价值目标，不同的材料会萌发孩子不同的游戏行为和思维创造，材料要赋予学习的价值，而学习是为了孩子更好地生活。

区角材料承载了教师的教育目标和智慧，理应成为吸引幼儿，帮助幼儿学习，引导幼儿互动，延续幼儿兴趣，发展幼儿想象，培养幼儿良好行为，发展生活能力的媒介，因此要充分利用材料，挖掘材料的各种潜在因素，从而真正去体现材料应有的价值。材料的生活化与情感性体现在，在选择与制作、加工时，尽可能融入幼儿经历过的生活素材，将材料生活化，赋予物化的材料以鲜活生动真实的情感意义。在生活中，可直接截取生活中的一些内容，将幼儿经常接触的熟悉的有关人、事、物的处理方法延续在区角活动中，这时的区角犹如幼儿社会生活的再现与延续，更显得亲切自然，而对那些熟悉的事物，已不仅仅是操作的材料，而是再次经历了生活，这时材料除了在外形特征上对幼儿产生视觉吸引外，它所承载的情感内容和生活技能成为一种更大的学习动力，令幼儿产生共鸣，从而引发幼儿较稳定的互动性兴趣，幼儿年龄越小，受到情感因素的影响越大。从生活中直接选取一些看似平凡却有意义的内容，能使区角活动与幼儿生活紧密相连，幼儿在区角活动中学习生活，同时也将自身的生活经验迁移到活动中去，其蕴含的情感性特点不仅维系了幼儿的活动兴趣，也大大丰富了幼儿的情感活动，促进了他们的社会性发展。因此，在材料的投放、调整、修整中，教师应充分发挥创造精神，使原有的材料产生新的用途，真正做到物尽其用。

看了这些关于区角材料方面的内容之后，小王老师恍然大悟，师傅没有口手相传，而是让自己感悟材料的用途和价值，让自己明白材料对于孩子生活经验提升的作用。修材料不是真的修材料，而是丰富孩子的生活经验，让孩子知道生活中的问题如何解决，一切的发生都是真实的，一切的操作都是有用的，只有孩子经历和感受了才会对他的学习生活有帮助。材料坏了并不是一件坏事，这是孩子学习的契机。

行动方案

带着自己的思考，小王老师再次找到师傅，兴奋地把自己的感悟讲给了张老师，张老师笑了，并指出，材料的制作、材料的操作、材料的整理与修补都是孩子生活中必要的经验，让孩子观察、理解、参与，只要是对孩子的经验和生活有帮助的都是学习。我们的生活不也是如此吗？家中的物品使用、管理、修补，还要在使用的过程中学会珍惜，这就是生活皆教育的真谛。

小王老师明白了张老师的用意。教育不在其中的一个环节，而是在每一个当下。

关于区角材料的使用与管理，小王老师觉得有必要让孩子成为材料的主人，观察、统计、使用、修补。了解班级的区角材料特点，哪些容易坏掉，哪些不容易坏掉，材料出现问题需要统计，还要用相应的方法进行修补，修补的材料和工具的管理，孩子们要学会爱惜材料等。根据以上几方面的思考，小王老师开始着手实施材料的管理了。

效果验证

首先，组织孩子进行玩具大检查。出现问题的材料就被送到新创立的“材料医院”，教师有意识地指导幼儿按照材料的质地进行分类，在每一类的基础上按由大到小的顺序排列，方便管理。小王老师考虑到，中大班孩子可以自己检查，教师指导；小班老师可以带着孩子一起检查，发现问题，辨别问题，知道什么是坏掉的材料。

其次，诊断每一类材料的问题。如果是纸质的材料，可以选用透明胶带、胶水进行修补。老师有意识地提示孩子如果前期注意保护就会减少破损。孩子用宽胶带粘贴，加固一些常玩的棋类材料，防止破损。图书类材料粘贴完还需用订书钉加固，老师可以放手让孩子去做，并在旁边指导。虽然材料修补后不太光滑，但是孩子有专注的制作和成功的喜悦。其他固体材料的粘贴用玻璃凝胶就可以，粘得牢固又容易清理。小王老师发现孩子在修补材料时认识了很多材料，使用工具也熟练了很多。

最后，请孩子说说怎样爱护材料，这是一个重点。孩子们七嘴八舌地讲，轻拿轻放、不争抢、坏了及时送到材料医院修补等是爱惜材料的关键。小朋友之间还可以相互提醒，保护材料，使材料玩的时间更长。

确定了做法，在活动中实施，小王老师有意识地观察，发现孩子们在区角活动中感觉更有序了，材料破损的情况有了很大改善。而且有家长反馈，孩子懂事了，看到家里的东西坏了，就要想办法修一修。

小王老师感受到：材料服务于孩子的学习，服务于孩子的生活，不能本末倒置，一定要放手让孩子大胆地玩，有规矩地玩。

十九、生活中的原材料需要加工吗?

发现问题

活动主题在延伸，区角材料也需要丰富。小王老师发动家长带来了一些原材料：规格一样的纸盒、纸杯、纽扣、吸管等。这些材料可以根据不同目标、不同玩法投放在不同的区角。一名老师提出，把材料装饰一下，更好看。另外一名老师则说：不用装饰也可以，每一种材料比较统一，摆放在区角中孩子看起来直观，用起来也方便。

这倒成了问题，原材料是否需要二次装饰？有什么意义呢？

寻找方法

请教师傅

小王老师拿着原材料来找张老师取经。张老师问："材料给谁用？为什么用？目的是什么？"小王老师一头雾水："材料当然是给孩子用的啊，在区角活动中利用材料达成教育目标，比如说分纽扣，几个杯子当盛放器皿，孩子根据数量要求把纽扣分一分，并放在相应的杯子里。目的是让孩子掌握数量对应和分类的方法。”张老师微微一笑：“对啊，材料的功能是教育功能，而且是教育物化的功能。如果是为了实用，直接利用就可以了。如果是情境化操作需要，二次加工也是必要的。”哦，原来如此。只要把握一个原则，材料为孩子的学习服务，为教育服务，可以加工也可以不加工，视具体需要而定。

张老师还提醒，材料的整洁有序和美观也是必要的，因为给孩子有秩序的环境影响很重要。

行动方案

小王老师和另外两名老师开始考虑，不同的材料投放到不同区角的目的是什么，然后商议材料要不要加工，如何利用。最后达成一致，语言区需要手偶制作，直接投放一次性纸杯，由孩子创作加工即可。数学区的分类盒与排序盒需要有明确的标识，如分类盒上面有按照什么特征分类的标识，排序盒上面有按照什么特征进行排序的标识，不同颜色的材料代表不同的难度，难度低的用黄色包装外壳，难度中等的用橙色，难度高的用红色，标识上面体现材料的特点和操作方法，方便孩子操作学习、收放整理；也可用星星代表级别，星星越多，难度越高。建构区的房屋建筑集中用相同的杯子即可，“小区”的柱子需要醒目和美观，

体现不同特点，需要二次加工，先由老师在杯体上下粘贴条形装饰，中间部分由孩子粘贴加工创意制作。纸盒利用也是如此。这样一来，原材料的加工不是老师的事情，而是老师为孩子创造条件让孩子参与学习的过程。

效果验证

按照既定的方案，每一位老师根据自己擅长的领域进行指导，大家有分工有合作。前期组织幼儿进行材料分类，然后将每一区角的材料需要加工的内容与孩子们沟通，孩子分组领取任务。在剩下的几天里，孩子们一有时间就会把材料拿出来进行装饰加工，也有在区角活动中完成的，边做边玩。老师有意识地在个性化的基础上加入统一性的标示，变化中又有一致性。材料加工让每个区角的孩子都积极主动起来。材料在孩子的手中有了新的活力。

二十、材料玩法的困惑

发现问题

每学期区角活动开展之前，班级都要购买一批成品材料，还有一些材料是老师自己收集或发动家长提供的半成品材料和原材料。小王老师发现，购买的材料能够玩得时间比较长，但有的损坏了就没法继续使用。原材料和半成品材料在加工使用后，属于自制材料，玩的时间有限。如果需要一些材料，如一次性筷子、一次性盘子、纽扣、收纳盒等，买的材料多了就会出现浪费。

那么，材料怎样收集使用才经济合算呢？

寻找方法

请教师傅

小王老师到其他班级观察材料的收集和使用，发现有的班级材料琳琅满目，而且品种繁多，具有生活化特点。孩子们操作也非常便利，得心应手。买来的材料并不是特别多，很多自制的材料也非常精致耐用。小王老师像发现了新大陆一样，如获至宝赶快讨教。班级老教师耐心地介绍：班级区角的材料更多地是来自于生活，需要就地取材。小王老师心生疑虑：就地取材怎么可能？难道这些材料就正好是区角需要的吗？老教师看出了小王老师心中的疑惑，她带小王老师参观自己班级的区角，观察每一个区角中每一种材料雷同的数量有多少，每一类材料可操作的数量有多少。小王老师发现每一种材料的种类有不同，材料的数量可多一些。大的材料如八音盒，可以旋转，还可以展示播放孩子的作品，因为老师在八音盒的台面上进行了支柱加工，可以展示多个小幅作品；还有将葫芦一分为二，一半用来盛放材料，一半用来作画；小的材料如吸管，粗细不同的口径，不同颜色不同排列；还有月饼盒的底托可以用来盛放分类材料；有的盛放器皿的弹性泡沫被加工成语言区的山坡场景，上面加了基础底座，方便将角色插放在上面进行讲述；蒸馒头用的篦子成了美工作品的展示板，麻将席的小方块加上毛根成了孩子操作的竹片小人。

每一种材料都能够物尽其用，恰到好处。小王老师问道："怎么才能让材料符合区角的操作？"老教师意味深长地说："眼中有材料，心中有目标，两者一结合，就成为区角的操作材料。"

行动方案

通过学习小王老师发现不缺少材料，而是缺少发现材料价值的眼睛。班级也有一些收集来的材料，但一直闲置着。真正的材料利用是在观察材料特点的基础上把材料简单加工或者功能强化，可以变化出多功能的操作材料。

小王老师在一个方方正正的木箱上面漂亮地标注出了“原材料加工厂”，并进行了美化装饰。把材料按大小和材质不同进行分类，质地优良便于使用的放在最右边，暂时不使用的原始材料放在左边。然后根据材料的形状、特点和功能开发考虑适合放在哪一个区角使用。其次是把材料直接呈现给孩子们，请孩子们根据需要利用，观察孩子的操作，给材料二次加工赋予实用性。

效果验证

前期工作完成了，实施过后，小王老师发现因为材料的质地和大小不同，有的很实用，但在区角中摆放显得突兀，影响美观。于是调整材料位置和盛放器皿，有高有低，有一致的也有变化的，这样就有序多了。加工过的材料幼儿操作熟悉玩法后使用比较便利。而孩子自己选择使用的材料，更多的是原汁原味使用材料的基础功能，如：纸盒的盛放和运输功能，可以当成小动物的家等。平面的材料多拼摆和绘画使用。

也有一些材料比如毛刷被孩子粘贴上眼睛，用麻绳缠绕成了一只小狗，有立体创作。区角材料有了更多不一样的元素，显得丰富起来。总之生活中的材料不局限于一种思维，多角度思考和开放的使用空间，使材料多了一份活泼和功能。

小王老师觉得把材料展示出来，和孩子一起利用，观察孩子的需要，就能让材料变出“花儿”来，甚至变废为宝。

二十一、逐渐投放材料的战术好用吗？

发现问题

又到了区角活动时间，和往常一样，小王老师引导幼儿简单规划了自己的活动内容之后，孩子们就自由入区了。小王老师正沉浸在一片安静有序的环境里，突然听到很大的喊叫声，原来性格安静内向的越越在角色区里与同伴争抢起玩具来了。这个孩子平时规则意识比较强，也能够与同伴友好交往。但是这次却一反常态。小王老师走近他们，并没有立即介入这场纠纷，而是静静地观察和发现问题。原来，老师为孩子创设了一个真实的小饭店的游戏场景，里面除了有一些厨具、菜单之外，还为厨师提供了帽子，为服务员提供了围裙，还新增了一点食物。当越越选择了角色游戏区“美食屋”中小顾客角色后，孩子特别投入。问题是越越点的食物，被其他小朋友拿走了。材料只有一份，两个孩子争了起来。

了解了情况，问题就清楚了。老师为了丰富幼儿在角色区里的游戏内容，特意增加了一些游戏材料，但孩子却围绕材料产生了问题。看来问题出在材料投放上，材料投放该一次性配齐，还是该逐渐添加呢？

寻找方法

请教师傅

小王老师的好意，反而造成了幼儿游戏的冲突，看来游戏材料不是简单地增加就能够保证活动顺利进行的，问题不是之前想象得那么简单。中午，小王老师把这个问题抛给了师傅张老师。

张老师告诉小王老师：游戏材料少了，肯定不行。材料种类、数量一少，幼儿很快就玩腻了，不愿意继续玩，而且材料少确实是会发生争抢的。

看来这个问题，还不好应对。

从其他途径获得的信息

维果茨基指出教育应该走在发展的前面。游戏是幼儿园教育的基本活动，游戏不仅给幼儿带来了快乐，更重要的是能促进幼儿综合素质的发展。研究表明，教师提供的游戏材料尤为重要，游戏材料是进行角色游戏的物质条件，它不仅起着丰富角色的作用，还能增加游

戏情节和游戏内容。因此，在投放材料时，应考虑材料与活动目标的关系。做到有的放矢，加强材料投放的针对性、目的性和科学性，并依据对幼儿活动的观察，定期更换、丰富与补充。

具体的材料投放策略如下：

（1）合理投放区角材料。材料投放要根据幼儿的兴趣及时调整，并定期更新。使幼儿对区角材料保持浓厚的兴趣，进而在活动中保持愉快的情绪，处于积极主动的探求状态，这样才能长时间地维持活动。材料的投放要多样化，并体现出层次性。阅读区只有图书和几个手偶，表演区只有简单的服装和几种乐器，材料比较单一，且没有层次性，因此幼儿很快就失去了兴趣。教师如果能在阅读区增加图书种类和内容（如内容多样、增加可操作的图书），在表演区添加不同难度的图谱、故事道具等，就可以拓展幼儿游戏内容，并引导幼儿有目的地练习打击乐器、表演故事等，使幼儿能有目的地与材料有效互动。材料可以多一些种类，少一些数量或保证一定的数量以供几名幼儿同时使用。

（2）逐步添加区角材料。在区角游戏中，幼儿的发展受到多重综合因素的影响，因此游戏材料的投放过程不是一成不变的，而是始终顺应幼儿的发展，处于动态变化的过程中的。如果想充分利用好材料这一教育手段，就需要教师在材料调整中有一定的教育策略。尊重幼儿在发展水平、能力、经验、学习方式等方面的个体差异，因人施教，努力使每一个幼儿都能获得满足和成功。在投放区角游戏材料时，教师要考虑不同年龄段幼儿在发展水平上的差异，以及同一年龄段幼儿之间的能力差异，采用层次性策略，努力满足每个幼儿不同程度上的发展需求。投放的材料既要符合幼儿原有水平，又能起到提升幼儿经验、促进幼儿发展的作用。

行动方案

结合张老师的话和网上搜集到的信息，小王老师觉得既然问题出在材料上，就从材料上来尝试解决。

综合学习到的内容，小王老师观察自己班级的材料进行思考，如果一种材料的操作要求对幼儿来说已经不具有挑战性，或是幼儿对这种材料已失去兴趣，就要考虑删减或更换一部分材料，使幼儿保持新鲜感，面对新的挑战。当原有材料已不能满足幼儿的发展水平和兴趣需要，但材料本身尚有开发、利用的空间时，老师可以策略性地添加新材料，提高或改变操作要求，使原有材料产生新的玩法，引发幼儿新的探索活动，重新激发幼儿的操作兴趣。如果材料投放数量匮乏，可以增加材料数量并组织幼儿制作一部分类似材料，丰富其中。总之，就是要观察和分析幼儿与材料的互动，对班里的游戏材料也要进行分析。先投放一些基础的、相对简单的材料，保证一定数量，然后再根据幼儿游戏的情况进行替换、增加。小王老师将自己的这个策略称之为——添油战术。

效果验证

战略已定，重在实行。有了材料投放的目的和实施的方法，小王老师把“美食屋”的材料进行了加工和丰富，原来的食物太少，而且每种材料只有一份，孩子出现争抢说明游戏适合孩子的需要，材料符合孩子的需要，那就在数量和种类上面做文章。小王老师发动家长和孩子，用布、纸、黏土等材料制作了一些新的食物，如：蛋炒饭、土豆烧牛肉、素炒青菜、番茄鸡蛋、蒸南瓜、饺子、汤圆、包子、拉面等，每一种材料 2~3 份。孩子们不仅丰富了对生活食物的了解，而且对于食物的制作方法和名称对应也有了很大的兴趣，比如，鸡蛋和其他材料在一起，就叫“鸡蛋炒 × ×”，这些经验的丰富对孩子的游戏经验也起到了很大的促进作用。孩子们通过撕、剪、搓、团、按等制作条、块、片等形状的食物，非常有成就感。后来的游戏中，老师更换了一部分材料和内容，把菜单做得更丰富，还展示了制作步骤，孩子们在“美食屋”的游戏兴趣一直持续，成品材料有减少，制作材料有增加，孩子们交流的多了，争执的少了。

原来目的明确、种类丰富、再投放相应数量的材料，就能够让孩子们在游戏时少一份争执，多一份分享。

二十二、材料越真实越好吗？

发现问题

小班刘老师为了进一步激发幼儿动手的兴趣，提高幼儿的动手能力，在娃娃家投放了制作奶茶、棒棒糖、荷包蛋等食物的半成品，提供了面粉及擀面杖、模具等原料和工具，同时还投放了幼儿园统一购买的各式仿真面包。一时，娃娃家的孩子们对“制作面点”活动产生了极大的兴趣，许多孩子喜欢自己揉面团或围在揉面团的孩子旁边观看，而对其他材料视而不见，类似情况频繁出现。老师开始介入幼儿的游戏，一方面试图引导围观的孩子操作其他材料，另一方面增加了一些低结构材料，如一些彩色纸条，以期能引发孩子们产生制作奶茶、面条、饺子馅之类的游戏活动。然而，通过观察发现，孩子们似乎对面粉、擀面杖之类真实的原料和工具更感兴趣，甚至出现了幼儿啃咬仿真面包的现象。

集体教研时刘老师提出此问题。对此，小王老师也感到困惑：在投放娃娃家的材料时，是不是应更多地考虑提供真实的原料与工具等，以还原真实的生活？或者说，类似娃娃家的投放材料是不是越真实越好？

寻找方法

老师这样说

小王老师带着自己的疑问咨询小班的刘老师。

还没等小王老师说完，刘老师就迫不及待地回答了。原来刘老师已经意识到这个问题。本来想着投放一些真实的生活物品，会更加贴近幼儿的生活，幼儿会更好地调动原有生活经验，这样幼儿的游戏会更有趣，同时也会更加丰富和深入。可是没想到事与愿违。

刘老师继续反思，也许是现在的幼儿已经很少接触这些日常真实的生活用品。一旦这些物品出现在游戏区里，幼儿首先就会被这些自己平时接触不到的游戏材料所吸引。对材料本身的好奇就会一直占据幼儿游戏的时间。

小王老师觉得问题也许不仅如此，不然的话，幼儿认真啃咬仿真面包是怎么回事呢？虽然是小班的幼儿，但是经过一个学期的游戏经验积累，一般情况下幼儿在拿到有关吃的游戏材料时，都只是假装吃，而不会像刘老师班的幼儿那样真的啃咬。

所以，刘老师班幼儿在饮食区游戏的问题可能是幼儿对材料本身的关注而“忘了”游戏的因素，也许是太过真实的材料妨碍了幼儿假装和想象。

从其他途径获得的信息

心理学家邓斯克认为，幼儿在游戏中的假装是影响发散思维能力的一个重要因素。他做了这样一个实验来证明自己的观点。首先观察 4 岁孩子在自由游戏中的表现，如果一个孩子在被观察的时间里用 25% 的时间来玩象征性游戏，比如说假装开汽车、做饭等，那么这个孩子就被看作是爱假装者或游戏者；如果一个孩子在被观察的时间里玩象征性游戏的时间少于 5%，那么他就被看作是不爱假装者或非游戏者。然后，所有的孩子被随机分成三组：自由游戏组（可按自己的想法自由地使用实验者提供的游戏材料）；模仿组（学着实验者的样子来使用这些材料）；复合型问题解决组（把游戏材料放到一个镶嵌板里，拼成一个完整的图形）。每一组里，既有爱假装者，也有不爱假装者。10分钟后，立即对所有孩子进行创造性测验，要求他们说出餐巾纸、杯子、螺丝刀和金属衣架这四样东西（实验过程中没有出现过的东西）的尽可能多的用途。结果表明，自由游戏组的爱假装者能够说出这些东西较多的新颖的用途，他们的得分不仅高于那些同组的不爱假装者，而且也高于模仿组和复合型问题解决组的爱假装者。由此可见，游戏，尤其是象征性游戏（假装游戏）可以提高幼儿在创造性测验中的成绩。

小班幼儿进行区角活动，很多情况下，游戏的开展依赖幼儿在游戏中的“假装”程度。太真实的东西，妨碍了幼儿平时以物代物的想象。这时，幼儿的“假装”无法产生或者没有必要产生。那么在这样的情境里，幼儿的游戏势必会偏离教师的预期。

行动方案

找到原因，自己的困惑也就有答案了。但是，针对班级的游戏材料该怎么调整才能避免这样的情况呢？

小王老师觉得至少要从三个方面着手：

首先，投放在角色区的材料不能太真实。

其次，教师要创设便于幼儿“假装”的游戏情境。

再次，中大班的孩子会多玩不太逼真的材料，更喜欢玩多变化的低结构材料，小班的孩子会多一些仿真的材料和可变化的材料。材料按“需”投放才能满足孩子的游戏需要。

效果验证

与刘老师分享自己的思考后，班级原来那些真实的生活材料被撤走了，小王老师与自己班上的其他老师相互配合，为各个区角添置了一些自制的游戏材料，还有一些材料是幼儿在美工区里制作的，投放到益智区、阅读区、表演区等。孩子们利用材料进行想象、命名、交往，展示生活经验，讲起来津津有味。

虽然，材料没有以前"真"了，但是，幼儿玩得很开心。原来，材料的可变性和赋予生活的假想情节更重要。

第二部分

区角组织与管理

一、“寂寞”的材料如何快乐?

发现问题

区角活动开始了。通过学习《指南》健康领域目标，中班、大班围绕手部精细动作发展的健康区投入了相关材料，如筷子和瓶盖。小王老师在班级投放了塑料瓶子，在瓶子上面挖了一个大洞，贴了两只眼睛，就像一个娃娃，请孩子把小瓶盖夹到娃娃的嘴里，喂娃娃吃东西。一开始孩子对“夹饼干喂娃娃”的游戏很感兴趣，可没几天孩子在区角里面玩游戏的时候就出现了冷清的状态，孩子没什么积极性，有的孩子在区角中进行游戏，也只是机械地夹起来、放进去、倒出来，没有语言交流。孩子好像不太喜欢这个游戏。

小王老师觉得很奇怪，为什么孩子这么快就不喜欢玩这个游戏了呢？其他班级的孩子也是这样吗？

寻找方法

请教师傅

“游戏是孩子的基本活动”。区角活动在孩子操作的过程中要体现游戏和趣味。区角材料自主操作与孩子产生经验的互动，与同伴一起有交流才会使区角活动更有趣味。张老师说，材料的使用要有趣味，一定要有游戏情景，有同伴互相合作的机会，能让孩子体验到成功的乐趣，这样材料才会被孩子喜欢。当然，老师的鼓励和适当的肯定也是非常必要的。在玩的过程中，有一定的游戏规则，更能吸引孩子的参与。

从其他途径获得的信息

通过搜集资料，小王老师发现区角活动对于幼儿自主性发展的重要性。区角活动，是幼儿一种重要的自主活动形式，是以快乐和满足为目的，以操作摆弄为途径的自主性学习活动，是幼儿主动地寻求解决问题的一种独特方式，其活动兴趣由内部动机支配，而非来自外部的命令。表现为“我要游戏”，而不是“要我玩”，自主性是幼儿游戏活动的内在特征，区角活动充分体现了幼儿身心发展的特点，可满足幼儿活动和游戏的需要，更好地促进幼儿自然自由快乐健康地成长，实现“玩中学、做中学”。在区域中，幼儿参与积极性高，能积极动脑，大胆创作，这是因为幼儿刚刚脱离婴儿期，他们最接近孩子本性，没有生存和学习的压力，对周围的一切都充满了好奇，探索的欲望在心中萌芽并发展，促使他们去游戏、去追求、去探索。另一方面，他们借助游戏这样一种类同于社会的氛围来解决需要与现实的矛盾，以达到对现实生活的体验和感悟，消除紧张，满足好奇心。区角活动的开展，使幼儿通过互相交往、互相合作，共同商讨提高幼儿处理问题、解决问题的能力，同时还能有效促进幼儿良好个性的发展。

行动方案

听了张老师讲的，也看了相关资料，关于材料玩法的开发小王老师开始思考。材料可以一人玩，但要有挑战，也可以两人玩，以比赛的形式进行，方法是以“夹”为主，规则是用“夹”的方法体现动作速度、结果多少等，结果自然是速度快与数量多者为胜。每个游戏设置游戏情景，孩子在玩的时候有角色意识或者有参与的积极性。根据这样的分析，小王老师翻阅图书，参考下棋方法规则等，借鉴相关的情节，设计了一系列“夹”的游戏活动。

效果验证

小王老师设计了几项以“夹”为主的动手方面的游戏内容。一起夹豆子、种小花（夹、放纽扣），还有如“小兔种萝卜”：两个孩子共用一个棋盘，一个格子里面放一个“萝卜”（瓶盖），看哪只小兔种的萝卜多，然后再拔萝卜（把瓶盖夹走），孩子玩得津津有味。另一个“夹”的游戏是把科学贯穿游戏其中，“乌鸦喝水”：两组小朋友接力把不规则的石头夹放进“井（瓶子）”里，两组小朋友比

赛，把石头放进去，水面涨高先到乌鸦嘴边的一组为赢。小王老师还根据棋类游戏设计了“翻翻乐”，看用什么方法把瓶盖翻过来并一一摆整齐。还有两名孩子同时喂小动物吃东西，谁的先喂完谁就赢等。或用乒乓球和纸筒搭高楼等。游戏设计完投放在区角时，小王老师有意识地观察，发现这些“夹”的活动有游戏的情节和情境贯穿其中，有游戏规则、有角色分工，孩子顺利完成时就会特别高兴，而依据规则没有完成的孩子会不服气，再来比赛。还有的孩子在有一定难度的自我挑战中感受到了快乐，别人会向他学习，孩子也觉得快乐。这些游戏都在挑战孩子的原有水平，在合作交流的过程中，孩子锻炼了手部精细动作，还发展了社会情感。

看来，满足孩子的游戏愿望，让孩子玩起来是区角活动“活”起来的前提。

二、人满为患是我们需要的吗？

发现问题

区角活动开始了，小王老师到每一个区角进行观察指导。当走到室外建构区时，发现孩子们把用来建构的毯子铺放在门口，实木的建构材料被大量堆放在中间，孩子们穿着袜子在毯子和地面上来回忙碌：运送材料、摆放材料、交流商议。小小的毯子上面被材料和人员占得满满的，显得非常拥挤。晓晓一直在外围穿梭，一会儿拿材料，一会儿放材料，一会儿又帮别人运送材料，重复着相同的动作。小王老师皱了皱眉头，场地小、人员多、材料也多，建构活动开展不够方便。她数了一下人数，这个区角怎么多了两名幼儿？当老师问谁没插卡就进区角了（因为进区卡只有六个名额），小朋友都说自己有卡，有一个孩子赶快回班到其他区角玩了，只有晓晓低头拧着衣角不肯走，当老师劝他到其他区角玩时，晓晓靠着墙角扭着身体不动也不说话，眼睛里面还透着委屈和想玩的神情。小王老师的心一下子被触动了，孩子这么想玩，让他参加就好了，可是人太多确实玩不开啊。

进区的人数是否需要控制呢？怎么控制适合呢？

寻找方法

请教师傅

小王老师把区角活动出现的问题向张老师介绍并咨询：孩子进区的人数要不要控制呢？张老师笑了，僧多粥少时要考虑实际情况。小班的孩子一般以平行游戏为主，当孩子们对一类材料感兴趣时，老师需要根据孩子人数投放相应多的材料，适合孩子平行游戏相互模仿的需要，可以同质化，同一种材料多份数量。中大班的孩子需要孩子自己学会协商，如果协商不成，需要老师考虑材料的数量或者是考虑规则的更改。因为人数的控制是为了帮助孩子在区角中更加自主有序地游戏，有充分的空间和时间。人数过多对于孩子的自主游戏与学习是一种干扰。

行动方案

既然知道了人数是活动秩序的保障，那就从人数调整和材料的投放入手。室外的空间比较大，建构游戏孩子喜欢的比较多，可以再增加几组，从前期观察的情况分析，每一组的人数需要再调整少一些，保证孩子能够充分玩起来，真正与材料互动。

效果验证

小王老师把室外建构游戏的问题通过谈话活动与孩子们沟通，孩子们对增加组数可以有更多的人参加建构游戏感到很高兴。至于每一组需要几人，孩子们没有太大意见，孩子们对能参与游戏更感兴趣。小王老师就把每组人数调整为 3~4 人，这样孩子之间有一个较为稳定的合作对象。游戏规则进行了调整，小王老师在区角活动开展过程中重点观察幼儿的参与、材料的使用，幼儿之间的合作等情况，每一组的活动场地又进行了重新规划，全部在室外沿墙边进行搭建，不妨碍走廊的通畅。孩子的穿梭更加自然，小空间一面是坚固的墙，让孩子能感受到半封闭空间的私密与乐趣。小王老师观察到孩子之间的分工更加明确，有取材料的、有搭建的，还有合作交流的，建构游戏体现了有序和情趣。看来根据孩子的需要控制进区人数，在加减法的基础上灵活实施，就能使区角活动更有序、生动。

三、角色游戏如何常态化进行？

发现问题

角色游戏现在是小王老师最头疼的问题了。

角色游戏是幼儿通过扮演角色，运用想象，创造性地反映个人生活印象的一种游戏，通常都有一定的主题，如娃娃家、商店、医院等，所以又称为主题角色游戏。角色游戏是幼儿期最典型、最有特色的一种游戏。在角色游戏中，幼儿可以自由地发挥其想象力和创造力，因而他们对角色游戏的兴趣最为浓厚，幼儿玩游戏的主题、角色、情节也十分多样与新颖。角色游戏是幼儿通过想象，创造性地模仿现实生活的活动，它为孩子提供了模仿、再现人与人关系的机会，为提高他们良好的社会交往能力打下基础。

可是，如此重要的角色游戏，在班上就是开展不起来。有些班级在教研会上也反映了与小王老师相似的问题。

大家七嘴八舌地讨论角色游戏开展不起来的障碍因素：空间狭小、与其他区角活动冲突、游戏材料枯燥没有新意等。

在各种不利因素的制约下，如何保证角色游戏常态化进行呢？

寻找方法

这一次，张老师决定和小王老师一起去寻找解决这些问题的办法。

首先是分解问题，教室空间狭小，这是幼儿园的客观现实，可以通过利用外部空间环境进行解决；与其他区角活动冲突，只要从班级区角活动的组织与管理方面去努力，就会有好转；而游戏材料枯燥没有新意的问题，班级老师可以想办法自制一部分，也可以发动家长自制一部分，还可以申请幼儿园集中采购一些。最后，发现玩不起来的主要原因是游戏情节和内容缺少丰富性和趣味性。

看来，要解决这些问题，需要幼儿园管理部门的介入，更主要的是班级教师的努力和思考、参与。

（1）错时开展，为角色游戏另辟蹊径。角色游戏是一种典型的社会性的游戏，交往、互动是角色游戏的重要特征。角色游戏与阅读、美工等游戏同时进行的话，角色游戏会对这些比较静的游戏产生强烈的干扰。如果角色游戏与表演游戏同时进行的话，也会存在一定的相互干扰。

对于这种需要互动和交往的游戏，解决的办法就是错时进行。小王老师和张老师觉得可以尝试每周专门留出一个固定的时间，来开展角色游戏。这样，角色游戏与其他游戏错时开展，相得益彰，互不影响。小班幼儿角色游戏可以融在区角活动中，中、大班幼儿的游戏就需要另外确定时间专门进行。

（2）自制材料，定期为角色游戏注入新的素材。角色游戏材料主要是指根据幼儿角色游戏的需要来为幼儿提供使用的各种玩具和物品的总称。这里的角色游戏材料是指角色玩具材料。角色游戏材料是幼儿角色游戏的物质基础，不仅可以大力激发幼儿进行角色游戏

的动力，还可以引起幼儿对角色游戏的行动和联想，从而实现角色游戏的目的。如角色游戏中的小厨房：灶台、炒菜、厨师服等，小医院：针管、听诊器、显微镜、医生帽、医生服、护士帽、护士服等，美发屋：洗头池、卷发棒、蒸头发器等都是典型的角色游戏材料。

许多材料是可以通过老师的自制来提供的，还有一些是可以用我们生活中的废旧物品来替代。

（3）专项教室，为角色游戏创设专门的场地。由于教室空间的限制，所能够提供的角色游戏的选择一般会比较少，因为还要为其他游戏预留空间和场地。现在幼儿的社会生活越来越丰富，而班级所创设的角色游戏场地不能满足幼儿的社会性发展需要。这时一个专门的角色游戏室，为各个年龄段的幼儿提供各种各样的角色游戏就成了幼儿社会性发展的切实需要。

经过与幼儿园管理人员的沟通与申请，幼儿园专门准备出一间比常规教室还要大的教室。把这个教室设置成全幼儿园各个班级都

可以去玩的角色游戏室。不同年龄段的班级也可以相约一起去角色游戏室，混龄的角色游戏对幼儿社会性的发展促进作用更加明显。

（4）教师参与，通过角色扮演推动游戏发展。教师在旁边观察，有时只看到一些表面现象，对真正的问题与幼儿游戏经验的发展了解得不够真切。教师通过扮演角色带领孩子一起游戏，特别是新的游戏内容，通过拓展游戏经验和生活经验，教师的情感与行为在游戏中起到带动和促进的作用。而且教师也可以通过游戏预操作，即老师们先在一起玩一玩，感受游戏有没有趣味，材料是否适宜，交往能突出哪方面的生活经验，语言交流如何引导促进。只有教师真正参与，才能够深切体会游戏的乐趣，并找出问题所在。

效果验证

有了方案就开始实施。小王老师和班级老师先在班里玩起了游戏。游乐场的材料有三种，玩过几轮后，好像没有更好玩的了，而且放在教室中间声音太大，干扰了其他游戏的开展，就把游乐场调整在走廊。游戏规则调整，用闯关的形式获得积分，最后可以领取

小礼品，虽然只是普通的小贴画，但很有成就感。其他的游戏内容如水果店、巧手乐园、小餐厅等都一一进行了体验，看材料、讲玩法、定位置，如此下来还真发现了不少问题。小王老师和同伴一起商议、一起调整，感觉更有意思了。

孩子们看到班级游戏的变化，特别是增加了挑战的内容很感兴趣，游戏之间的穿梭与交流增多了，整个教室出现了生活化的热闹场面，角色游戏玩起来了。

四、区角方案能不能 COPY？

发现问题

这段时间，小王老师发现区角活动的方案各个班好像基本一样。几个平行班的同事暗地里就疑惑：能不能每人轮流写区角活动方案，其他班直接拿来使用呢？

寻找方法

请教师傅

对于这个问题，张老师请小王老师思考：各个班的孩子一样吗？老师一样吗？幼儿发展的情况一样吗？家长一样吗？小王老师摇摇头，不一样，因为每个班的实际情况确实是不相同的。张老师建议，根据自己班级的区角活动开展情况制订区角方案是必须的。小王老师心想，大家通过集体教研情况会差不多，相互借鉴合作也未尝不可。

从其他途径获得的信息

按照开展区角活动的要求，书写游戏计划或者游戏方案是必须的。但是现实中怎么具体操作呢？

查找资料后，小王老师发现：所谓区角活动的方案，实际上涉及的是如何根据学前教育课程目标与幼儿发展水平来创设活动区环境、选择和投放活动材料以及如何适当地指导幼儿的活动等问题。设计区角活动不是设计一次次具体的活动，也不是设计综合的主题活动方案，而是设计活动的材料和环境。教师将教育意图或目标转化为活动材料和环境，通过创设环境影响幼儿的发展，改变过去开学看图布置环境的现象，再通过幼儿与材料相互作用的活动达到预期的发展，这是区角活动设计的基本思路。

教师应该根据幼儿的发展需要和水平，围绕课程总目标、阶段（周/月）目标和本班特点事先制订区角活动的目标。区角活动不是独立的教育活动，而是班级整体教育的有机组成部分。应该将区角活动的设置与班级的领域活动或主题活动进行有机结合。根据课程总目标确定学期目标，然后教师根据具体的领域活动或主题活动、本班幼儿的特点安排相应的区域，提出适宜的要求。

依据这个原则，每个班级的情况确实应该各不相同。比如幼儿的情况、教师的教育水平等，还有每个班的教育目标，这都会在实际教育教学活动的进程中产生差异。这些差异应该反映在班级的区角活动方案里，那么，比较切实可行的区角活动方案就应该是立足本班实际情况的，对本班幼儿有针对性和可操作性的方案。

看来，这个问题还是由书写区角活动方案的时候对本班实际情况分析不到位造成的。如果能够把本班幼儿和教师及近期教育活动的实际情况分析到位的话，区角活动方案一定会是独一无二的。也只有这样的游戏方案才会对自己班级游戏的开展具有指导意义。

行动方案

既然问题已经清晰，接下来就是制定符合本班实际情况的区角活动方案。为了避免之前游戏方案脱离本班实际的情况，小王老师尝试着把幼儿现状分析进行更细化的分解。从幼儿已经具备的经验、能力基础、情感、社会性基础以及个体差异来分析幼儿。从知识、技能、情感、社会性等几个方面来设置具体的区角活动目标。而对于游戏的组织与指导，也进行细化。按照游戏主题、规则要点、基础材料、辅助材料、计划环节、操作环节、讲评环节来细化游戏内容、游戏材料、指导要点的具体内容。再结合每个区的具体特点来逐条设计。具体框架如下：

<table>
<tr><td colspan="2">班级</td><td colspan="2"></td><td colspan="2">开展时间</td><td>年 月 日</td></tr>
<tr><td colspan="2" rowspan="3">幼儿分析</td><td colspan="2">经验、能力基础</td><td colspan="3"></td></tr>
<tr><td colspan="2">情感、社会性基础</td><td colspan="3"></td></tr>
<tr><td colspan="2">个体差异</td><td colspan="3"></td></tr>
<tr><td colspan="2" rowspan="2">游戏目标</td><td colspan="2">知识、技能目标</td><td colspan="3"></td></tr>
<tr><td colspan="2">情感、社会性目标</td><td colspan="3"></td></tr>
<tr><td colspan="2">游戏区</td><td>区</td><td>区</td><td>区</td><td>区</td><td>区</td></tr>
<tr><td rowspan="2">游戏内容</td><td>游戏主题</td><td></td><td></td><td></td><td></td><td></td></tr>
<tr><td>规则要点</td><td></td><td></td><td></td><td></td><td></td></tr>
<tr><td rowspan="2">游戏材料</td><td>基础材料</td><td></td><td></td><td></td><td></td><td></td></tr>
<tr><td>辅助材料</td><td></td><td></td><td></td><td></td><td></td></tr>
<tr><td rowspan="3">指导要点</td><td>计划环节</td><td></td><td></td><td></td><td></td><td></td></tr>
<tr><td>操作环节</td><td></td><td></td><td></td><td></td><td></td></tr>
<tr><td>讲评环节</td><td></td><td></td><td></td><td></td><td></td></tr>
<tr><td colspan="2">说明</td><td colspan="5"></td></tr>
</table>

效果验证

这样一份针对自己班级的区角活动方案就确定了。只要每部分如实填写，最后的区角活动方案一定是非常适合自己班级的。这样各个班级相互共用区角活动方案的问题就不存在了。然后在学期中根据幼儿能力发展进行微调，这才是以孩子为本的教育方案。

五、区角活动如何开始?

发现问题

同班的老师开始组织区角活动了，在室外对孩子讲解今天开放的区角和注意事项，然后请孩子们选择自己喜欢的区角。孩子们拿起自己的入区卡，直奔自己喜欢的区角。有的孩子想要进入喜欢的区角时，但已经人满，孩子只好选择其他区角。过了一会儿，老师听到了小小的哭泣声，有一个女生拿着自己的入区卡站在美工区的旁边抹眼泪。负责配班的老师走过去蹲下来问孩子，才知道孩子没有进入自己喜欢的美术区，也没有小朋友和她调换区角。老师走过去和孩子谈心，告诉孩子今天没有进入美术区，明天进入也可以。孩子摇摇头，说自己有两次都没有进入美术区了，今天又不能进去了。老师发现，每天固定模式的入区活动，孩子在选择的时候兴趣无法保证，入区活动的开始与进入方式好像有些问题。但这又算不算问题呢?

其实，真正的问题是：什么样的开始环节是充分且有效的?

寻找方法

请教师傅

小王老师请教了张老师，张老师根据原有的经验进行了指导和分析。孩子虽然小，有自己的想法，尊重孩子的想法，是让孩子参与活动有收获的前提。孩子每天的区角可以有变化，在开始的时候可以通过谈话活动，请孩子谈一谈自己的想法，愿意做什么事情，请孩子对自己的想法做一下规划，同时通过介绍自己的想法，让孩子知道自己选择的重点。张老师还介绍了一个新鲜的内容：程式化。这在其他国家和其他地区的幼儿园区角活动中运用得比较普遍。有程式化的内容孩子就更容易对区角感兴趣，而且在选择的时候会避免一些孩子选择落空的现象。小王老师很感兴趣，马上迫不及待地查找相关资料，了解程式化开始的秘密。

从其他途径获得的信息

通过查找资料，小王老师了解到"程式化是指在长期的使用过程中形成的固有模式"。即在生活中提取一定的规范形式，形成规定的公式步骤去做事情。也了解到北京巴学园幼儿园程式化活动有晨间围圈活动和早上谈话，通过谈话，了解孩子做游戏时的心情及想法。美国海森高幼儿园，小班孩子用开火车与魔法棒的程式化方式增加孩子进入区角游戏的兴趣；中班孩子通过掷骰子确定选择的区角；大班孩子通过先做区角计划从而确定自己的学习目标和游戏重点。与孩子的社会能力相结合，在程式化的过程中孩子有固定的、可以汲取的经验和模式，这些可以帮助孩子有效梳理思路，有序进行区角活动。

行动方案

通过查找相关资料，了解区角活动开始的特点，小王老师开始考虑自己班级孩子需要的程式化区角开始流程了。孩子要知道有什么新材料，也要知道原来出现的问题，而且每个区角中都要有供孩子探索的游戏规则与玩法，提高孩子挑战的兴趣。什么样的程式化流程适合自己班级的孩子呢？游戏是孩子喜欢的，孩子的思维以形象思维为主，要不就用游戏大转盘吧。把每天需要孩子了解的内容以图画的形式展示，同时以转盘游戏的方式确定，孩子的发现与选择主动性相关，对于孩子发现的积极性有促进作用。就这么干！小王老师想到这里兴奋地摩拳擦掌。

效果验证

把转盘制作成立体化的材料，老师需要在进行谈话交流前做好准备工作，转盘分两层，上面的一层小一些，下面的一层大一些。上面的分三部分内容，新内容、游戏挑战、游戏问题大发现。魔法棒的指针指向转盘图画哪一块，就请孩子观察说出哪一部分的发现。新内容就是新的材料，游戏挑战就是新规则，游戏问题就是上一次在游戏时出现的各种问题，逐一介绍，活动时注意避免。第二层是各个区角的名称和标识，每个区角可进几个人就有几份卡片。老师请孩子转动第二层转盘，由当天的小值日生先转动，转动到哪个区角就翻过去这个区角的一张卡片，当所有卡片都翻过去，说明这个区角人已满，只能选择其他区角。孩子们对转盘游戏充满好奇。转盘游戏不仅是一种游戏，更成了孩子们的一种期待。

当转盘游戏进行一段时间后，班级又调整了新的进入区角的方式，如按学号轮，周一 1~5 号先开始选区角，周二 6~10 号先开始选区角等。后来按小组轮，方法与按学号轮相似，而且会穿插由教师分配指导幼儿自由选区等。

入区角形式多样，每一天的入区角活动都有了新鲜感，孩子们的需要得到了极大的满足。

六、区角活动有始有终，难吗？

发现问题

区角活动结束的时间快到了，小王老师拍拍手示意孩子们注意听：孩子们，区角活动快要结束了，请每一个小朋友准备收材料了，一会儿把自己玩的材料收整齐放在原来的位置上。听到这样的信号，有的孩子就赶快收材料了，有的孩子赶紧和小朋友再玩两把，还有的孩子刚端出来新的材料，只好又放了回去。大部分孩子在听到老师语言提示后就赶快收材料了，但收的材料看起来不整齐，有些乱。老师请小朋友把椅子搬到活动区中间坐下来，请小朋友讲一讲自己玩了什么，心情怎么样，有什么新发现。刚开始孩子们还能专心听，后来就坐不住了，叽叽喳喳自己就讲起来，老师也无法让他们真正安静下来，结束时的区角讲评也就草草收尾。

小王老师感到很失败，孩子们怎么就这么不听话呢，为什么不能安静地听别人讲呢？

寻找方法

请教师傅

小王老师去找张老师，把区角活动的经过给张老师描述了一番，还加重语气："孩子们真不听话！就不会听别人讲话。"张老师笑了笑，问小王老师："你想让孩子听什么？怎样听？让孩子收获什么？"小王老师想了想说："我想让孩子有自由表达和锻炼的机会，还想让小朋友听一听别人是怎么玩的，自己以后也可以这样玩，学习别人的经验。"张老师反问："每一个孩子都有新的经验值得学习吗？你在选择孩子的时候是观察在前还是随机挑选的？"张老师又讲，只有观察到有些孩子在区角活动中有创意或进步的地方，在讲评的时候有重点地选择才有可能达到自己期望的效果。如果是孩子在规则和合作方面的进步或者问题，老师还要有意识提示和提问才行。小王老师陷入了沉思，确实，挑选孩子的时候只要孩子举手，自己一般就会让他们发言，至于这些孩子在区角中玩的情况如何，自己有时候真没有印象。张老师又问："孩子们在讲述自己玩的过程时，能否表述清楚？"小王老师没有明白其中的意思，张老师解释说，孩子在讲述时思维比较跳跃，有时想到的没有讲述出来，觉得自己看到的可能别人就会明白，所以有时说不明白，孩子们听不明白不想听是有原因的。哦，原来错怪孩子了，自己讲评时没有重点没有目标，所以讲评过程乏味，不新奇，孩子就不感兴趣。

那怎么办呢？

张老师讲，孩子是视觉化学习，形象思维，如果现场回放，情节重现，照片视频都好，都能让孩子对问题感兴趣，因为看到别人也看到了自己。哦，让孩子看到自己做过的事情，这个可以做到的。

张老师还帮助小王老师分析了活动结束时的问题，草草收场的问题，区角活动进行时，老师给孩子的信号应该是隐性的，语言会直接打乱孩子的思考，孩子的心里也没有做好结束的准备，所以材料的收放也就仓促了。所以收材料的时候要让孩子有心理准备后再收材料。

行动方案

小王老师又组织孩子进行区角活动，观察孩子出现的问题，用语言提醒几次后请幼儿收材料，发现有一些进步，但是还有些孩子不能及时进行收放。老师就把钢琴曲融入，第一遍、第二遍、第三遍，孩子慢慢适应了收放材料的节奏。

小王老师用手机以视频和照片的形式记录下来，方便对孩子进行反馈。

效果验证

小王老师认为在收放材料的时候老师弹琴也可能会打断孩子，就想到了把背景音乐融入，通过音乐软件把舒缓的音乐、活泼的音乐、跳跃的音乐结合在一起，按照活动时间的长短截取连接，请孩子倾听音乐，知道播放每一段音乐时需要做的事情，如舒缓的音乐提示安静操作材料，活泼的音乐提示收材料的时间到了，跳跃的音乐提示孩子收好材料搬椅子进行活动讲评了。一开始老师用语言配合音乐对孩子进行提示，通过一段时间的尝试，孩子已经形成了对音乐的感受和理解，自然而然就形成了习惯，而且舒缓的音乐有效降低了语言的碰撞噪音，孩子的操作过程安静放松，秩序井然。音乐对区角活动的隐性暗示起到了良好的作用。

在区角活动开始前，小王老师把当天活动的重点进行介绍，如掌握新材料的玩法，掌握操作和交往规则，或者突出一个区的任务要求等，使孩子在入区时能够有意识有目的地进行活动。在过程中小王老师有意识地围绕这些方面进行观察，并进行过程拍照和录像。在讲评时，小王老师利用照片和视频围绕开始时提出的几个问题进行回顾和过程回放，并请 3~5 位小朋友到前面讲述操作过程或玩法。现场的回放帮助孩子回忆了细节，老师在抓拍时也有意识地进行观察甄别，孩子讲述时老师的及时补充引导起到了很好的衬托效果，讲评活动开始受欢迎了，孩子们愿意讲也愿意听了。区角活动开始时的有目的介绍与铺垫，与结束时的有针对性的总结和评价，使孩子的区角活动更有序，幼儿的学习和游戏目标性更强。小王老师感受到“在区角活动中，孩子的问题不一定是孩子的问题，有可能是老师出现了问题”，因为区角活动是在老师的引导中进行的。

七、未完成的作品是存还是弃？

发现问题

美工区角投放了水果拓印画，孩子们非常喜欢。区角活动一开始，就有孩子直接选择到美工区角，进行“水果拓印画”。孩子们选材料，对比材料，选择水粉，创作画面，边拓印边观察，停下来左右看看再继续。看到身边小朋友的作品忍不住夸一句：真漂亮。时间一点一点流逝，正在小朋友专注创作的时候，区角活动结束的音乐响起来了，创作的小朋友开始收拾东西，但他们的作品有的还没有完成，有的幼儿拿走了自己的作品，有的幼儿区角的材料还没有整理，便回到了自己的座位上。

通过几次的区角活动观察，小王老师发现孩子们的作品第一次没完成，下一次活动时没人认领，就成了废品；有的作品创意很好，收起来放好，孩子自己会忘掉，无法形成完整作品；有的孩子很珍惜自己的作品，但水粉类作品没有办法及时收起来，可能会被破坏。当区角活动结束时，自己的美术作品或手工作品未完成，孩子拿着这些作品显得有点无措，不知道该怎么做：收还是不收？收哪里？不收又怎么办？有时老师催得急，对幼儿未完成的作品指导和处理得不够，就形成了一个新的问题。

寻找方法

请教师傅

小王老师带着问题去咨询张老师。张老师给小王老师讲了一个故事，她说："我的孩子最喜欢画画，她的每一幅画我都收藏了，哪怕只是简单的几笔。孩子的灵感来自平时的积累，还来自周围环境对她的认可。因为我最喜欢看孩子的作品，收藏她的作品，孩子画画的兴趣特别浓厚。而且她看到不同的事物总能一气呵成。我没有希望她成为画家，我只是希望孩子有属于自己的兴趣，有真实的能够感受美好事物的能力。平时作品的完整能够让孩子养成做事有始有终的习惯，还能让孩子感受到自己被尊重。"张老师的话触动了小王老师，是啊，区角活动的目的是什么？不就是激发孩子对生活的兴趣和对美的表现，为孩子创造美的环境，让孩子体验成功的快乐嘛，对孩子作品的尊重就是对孩子的尊重。收材料不是重点，让孩子有持续的创作热情，做事有始有终，感受到成功的喜悦才是重点。

从其他途径获得的信息

小王老师重新学习《指南》，发现《指南》说明部分指出要"重视幼儿的学习品质。幼儿在活动过程中表现出的积极态度和良好行为倾向是终身学习与发展所必需的宝贵品质。要充分尊重和保护幼儿的好奇心和学习兴趣，帮助幼儿逐步养成积极主动、认真专注、不怕困难、敢于探究和尝试、乐于想象和创造等良好学习品质。忽视幼儿学习品质培养，单纯追求知识技能学习的做法是短视而有害的"。

《指南》艺术领域的教育建议指出："创造机会和条件，支持幼儿自发的艺术表现和创造""营造安全的心理氛围，让幼儿敢于并乐于表达表现”“展示幼儿的作品，鼓励幼儿用自己的作品或艺术品布置环境”。

行动方案

由此看来，孩子作品的完整性和可展示性是必要的。那么孩子作品未完成就需要从两个方面来解决，第一是未完成作品放在哪里，第二是如何让人知道这是谁的未完成作品，下一次需要继续完成。

孩子的作品有立体的和平面的，可以在美工区角设立未完成作品角，平面的作品放在桌面或者作品柜第一层，立体的作品放在美工区角窗台上，立体画架则放在墙角，不影响孩子们活动即可。未完成作品统一有未完成作品标志，如一半彩色一半黑白的调色盘标识，代表没有完成的作品。或者孩子自己设计标识。

如何知道未完成作品是自己的呢？请幼儿设计个人未完成作品卡，画出自己喜欢的图案，请老师帮助写上名字，立在作品上面或者旁边，这样一眼就能看出来这是谁的未完成作品。而且未完成作品的小朋友可以在空余时间完成，也可以在下一次区角活动时优先入区（角）。

在区角活动过程中，教师需要有意识地观察幼儿作品的完成情况，尽量指导幼儿顺利完成作品，体验成功的快乐。

效果验证

孩子们在美工区角又开始活动了。未完成自己作品的孩子取出自己没有完成的作品，开始继续创作自己的作品了。孩子们有了新的美工区角的活动规则，没有完成的作品自觉放在未完成作品盘子或空间里。小王老师看到了效果。她就把这样的方法推广到其他区角，如建构区角、生活区角、科学区角等，为孩子未完成的学习活动提供了缓存空间，使孩子的创作活动不再紧促。

原来尊重孩子的创作和完善活动规则，这么有意义呀。小王老师也很有成就感。

八、区角规矩知多少?

发现问题

活动区角刚设立的时候，孩子们对区角活动非常感兴趣，特别是小班孩子，他们进入区角中翻看材料，拿取材料，不一会儿材料就堆满了桌子。有的孩子从一个区角直接进入另一个区角，材料放在原来的桌面上不理会。还有的孩子活动时大声说话，影响别人，乱拿别人区角的材料。不会轻拿轻放材料，不会物归原处等现象频频出现。

幼儿入区角需要取卡插卡，小王老师发现中大班孩子有了区角活动经验后能够自觉取卡插卡，但是在轻拿轻放、轻声交流、用多少取多少、整齐收放等方面总出现问题。小班孩子进区会出现人多拥挤、丢卡、不能物归原处等问题。

这些问题都需要解决，怎么办呢?

说到底，问题的根本还是怎样建立有效的区角游戏规则。

寻找方法

请教师傅

区角活动中出现了多种问题，活动开展起来很无序，一片忙乱，老师忙着收材料、维持秩序，心力憔悴。小王老师去找张老师求救了，班级区角活动怎样有序开展呢？

张老师听完小王老师的介绍后，耐心地进行了分析、指导。

第一，孩子在区角活动的时候要有规矩，没规矩不成方圆。规矩就是“规则”，制订相应的规则，让孩子理解并遵守从而使活动有序开展。

第二，把区角活动中出现的问题进行共性和个性化分析，共性是每一个区都适用的整体性规则，个性则是每个区角个别化的规则。比如说，每一个区角都要取放材料轻拿轻放，物归原处，轻声交流，这就是共性规则。但是美工区角需要按顺序穿罩衣、取材料，用完后清洗材料，保持环境整洁；科学区角要正确操作，保护材料，注意安全，这就是区角的个别化规则。

第三，要让孩子理解规则的作用，否则孩子会对规则执行不够。示范解读规则，用孩子看得懂的形式视觉化表现出来，方便提示孩子遵守。

张老师提示小王老师再寻找一些关于区角规则方面的资料，丰富完善规则。

从其他途径获得的信息

区角活动为孩子提供自由活动的机会，支持孩子自主选择，为孩子提供表现自己的舞台，能增强孩子的自信心。如何制订一套有效的规则保证活动效果呢？通过学习，小王老师找到了制订规则和实施规则的一些方法。

第一，在师幼的共同商讨中产生规则。中大班幼儿可以根据活动问题，在老师引导下制订游戏规则，教师指导幼儿学会解决问题，并把规则图示化。小班幼儿则在老师引导下，理解规则并执行。

第二，在进行活动前明确规则。在活动前围绕前期出现的现象，教师提出共性规则，强调在区角中如何遵守规则，强化幼儿的规则意识。

第三，在活动中完善规则。幼儿遇到有关活动规则方面的问题时，教师不要急着把“答案”告诉幼儿，可以让幼儿在试错中逐渐建立起相应的规则。在活动中由孩子们自己不断完善规则，不仅让孩子感觉到规则的重要性，也让他们深刻地体会到自觉遵守规则的重要性，同时明白遵守规则就是尊重他人，尊重自我。在完善规则的过程中也培养了孩子们解决问题的能力。

第四，（明示、暗示、提醒）+ 奖罚 = 守规则。

行动方案

小王老师和班级老师针对孩子们出现的共性问题，先拟定了一份共性规则，然后带领幼儿参观各个区域，帮助幼儿认识区域的名称、内容、材料，根据出现的问题和孩子一起讨论商议具体的区角规则。

在活动中出现的问题，通过照相、摄像等方式进行过程回放，发现问题，制订各区角的补充规则。

例如：美工区角：请不要乱涂乱画，安全使用剪刀，保持衣服干净，一人一份材料，垃圾放入筐里。

数学区角：请轻声说话，爱护材料，有序排列、摆放、记录，不在桌面乱画，材料物归原处。

生活区角：请按照图示正确取放操作材料。

效果验证

区角活动规则制订并丰富后，区角活动的开展有了一定的秩序，当然，老师的巡回指导和适时提醒也是少不了的。在观察实践中，小王老师和其他两位老师发现运用以下三种方法能帮助幼儿更好地掌握和遵守活动规则。

1. 暗示法

将区角活动规则蕴含在环境之中，让“环境说话”，利用区角环境告诉幼儿该区角的规则。如关于进区角人数的限定问题，可采用进区角挂牌、插卡、套挂入区角卡等；通过益智区角椅子数控制人数；投放适量同等材料控制幼儿人数；用地面的小脚丫暗示入区角人数等。

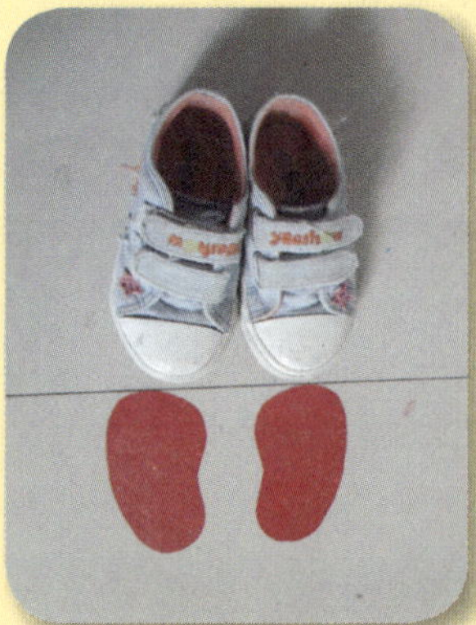

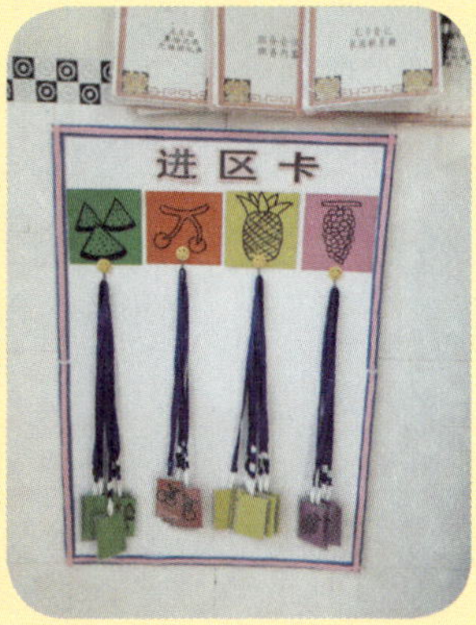

2. 图示法

规则的掌握与遵守不能只依靠环境暗示，有些规则还可以画成图片贴在适当的位置，提醒幼儿遵守。比如，小班的孩子在玩娃娃家时，老师把玩娃娃家的基本流程用图画的形式在门口进行展示。另外，图示法还可用于有关操作材料的使用和收放，而且效果非常好。如在美工区角或者健康区角，幼儿操作材料的方法利用操作步骤图的形式在区角中展现；美工区角绘画涂色的方法、健康区角叠衣服

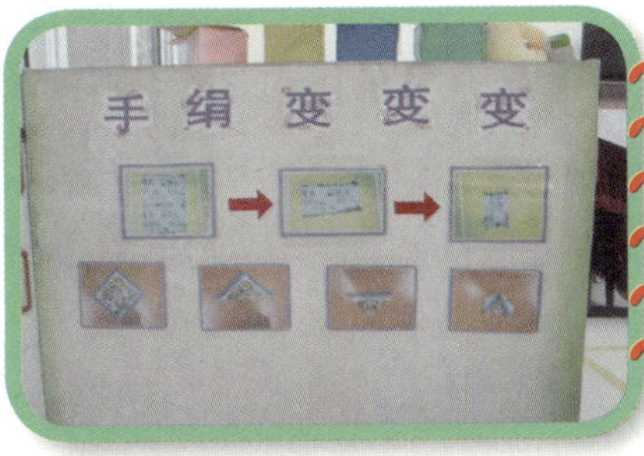

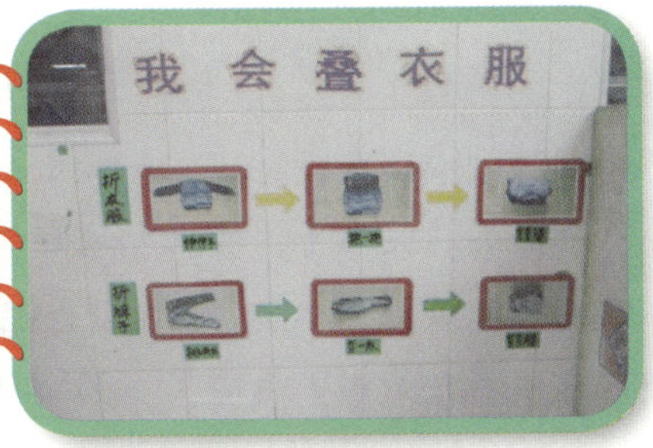

的方法、玩七巧板的方法、折手绢的方法等都可以用图示法。图示法不仅使孩子清楚地知道如何做，也锻炼了孩子的观察分析能力。在数学区角给图形分类的活动中，在每个分类盒上贴上相应的标记，幼儿自然明白分类的要求；在收拾玩具材料时，将不同的区角材料归类摆放，每一类都有相应的标识。

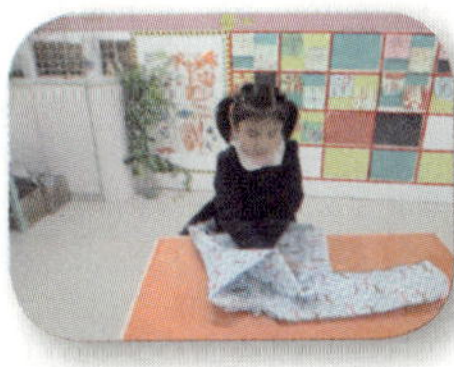

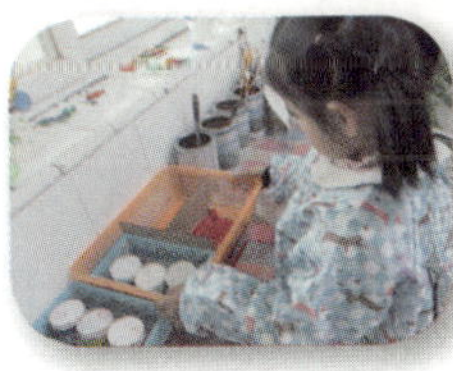

3. 提醒法

幼儿受年龄的制约，在活动中常常会因忘记规则而影响自己或别人的操作活动。像这种情况，老师会采用提醒法给予适当的帮助。提醒法，可以是教师对幼儿的提醒，也可以是幼儿对幼儿的提醒。

教师对幼儿的提醒方式主要有两种——语言的提醒和动作的提醒。如当幼儿由于不理解规则而干扰了其他幼儿的活动时，老师可以用温和的语气提醒他，“你觉得这样做好吗？”“应该怎样做更好？”等。而当幼儿由于不懂活动规则而无法活动时，如在角色区角，教师看到娃娃被扔在地上，就走过去抱起娃娃，“呀，娃娃怎么拉肚子了？一定是睡在地板上太凉了，妈妈赶快抱着娃娃上医院吧。”这种介入式的行为提醒，既纠正了“妈妈”扔娃娃的错误，又丰富了游戏情节。

幼儿之间的提醒一般适用于同一区角活动的幼儿。由于幼儿之间的“提醒”，是在一种自由、平等的关系中进行的，所以这种方式往往更易于被幼儿所接受。幼儿之间的“提醒”不仅对区角活动起到了支持的作用，还可促进幼儿社会性的发展。比如在健康区角玩“舀面片”的活动时，小朋友都很认真地玩着，阳阳也过来参与了，可他不会用小勺，舀了很久都舀不起来，一生气就用手抓，搞得别人也玩不成。这时，幼儿之间的“提醒”就开始了。有的指出方法不对，有的会告诉他正确的使用方法等，有的会请老师来帮助他，幼儿之间的提醒也是幼儿遵守规则意识的表现。

小王老师发现，幼儿区角规则意识的培养需要一个过程，初步

建立后只要坚持做，每天重复提示，幼儿规则意识就能得到巩固。通过区角规则的建立、改变、调整、丰富，幼儿在区角活动中解决问题的能力得到了很好的发展，逐步形成了良好的做事习惯，社会礼仪、社会交往和动手学习能力也有了一定的发展。

规则为孩子的区角自主学习提供了切实的保障，并能促进幼儿良好品质的形成。

九、材料标识有什么用?

发现问题

区角活动的开展离不开材料。小王老师在班级每个区角都投放了多种类型的材料，为了方便幼儿把材料放回原处，不同区角的材料用不同颜色的图形来标识。当孩子收材料的时候，小王老师发现有的材料摆放错位，有的材料放到了其他的区角。观察孩子的行为，孩子收放材料时端着材料筐或盘子，左右看了看，才把材料推进玩具柜，然后就直接走了，还有的孩子急着参加下一个活动，只要把材料放进去就行了，根本不看材料的位置。这是怎么回事？区角材料的标识好像没有太大用处啊！

寻找方法

请教师傅

小王老师带着问题去咨询张老师。张老师对小王老师说：管理材料就如同管理我们的生活，要用数学的思维进行管理，具体方法就是分类、对应、排序。利用这样的思维，孩子就能够把自己的材料管理好。

材料的分类，需要让孩子知道每一类材料是哪个区角的，区角材料的特点要明确，前期的色彩标识就挺好，但是为什么孩子没有给材料找到家呢？因为缺少了对应，孩子把材料送回原处，玩具柜的相应位置一定要有和材料筐上一样的标识，方便孩子帮材料找到“家”。在材料的摆放和层次方面要有大小、高低、难易的变化，在标识上可以表现出来，如最下面一排标识不同，但都比较大，中间一排比较小，最上面一排再小一些；或者每一排的标识从大到小排列，或者标识图案数量有变化等。

张老师的话给了小王老师很大的启示，用数学的思维进行管理，这是一个很好的教育内容。

从其他途径获得的信息

为了查找更多的管理材料，小王老师上网查找，找到了挺多关于管理方面的文献，根据文献推荐购买相关书籍进行学习。最突出的是日本的“6s”管理。

“6s”管理起源于日本，是企业基础性管理的理念和方法，“6s”指的是整理、整顿、清扫、清洁、素养、安全，这六个词语日语的发音均以“s”开头，简称“6s”。具体内容如下：

整理：区分必需品和非必需品，现场不放置非必需品。

整顿：将物品进行分类，定制管理，将寻找物品的时间减少为零。

清扫：岗位卫生干净，无灰尘、无垃圾。

清洁：巩固整理、整顿、清扫成果，并且制度化。

素养：对于规定的事，大家都要遵守。

安全：消除隐患，预防为主，保障人、物及生产的正常运营。

“6S”管理三定原则：定点、定容、定量。

定点：指摆放物品的位置固定。

定容：指物有所归，所有物品都有摆放的容器。

定量：指规定合适的数量。

一切进行可视化管理。

有了这样的内容借鉴，小王老师觉得有想法在涌动了。

行动方案

小王老师马上把自己的学习心得和班级的两位老师进行分享。心动不如行动，小王老师和同伴一起制订了班级区角材料标识的图样和展示方式，并进行了实施。

1. 图片对应。老师把材料摆放整齐，拍成照片，一式两份，区角材料筐上贴一份，玩具柜摆放位置上贴一份，既能够让孩子看清楚筐子里面的材料，也能够让孩子看到材料摆放的方法。年龄越小，标识越具体，多用图片，少用或不用文字。

2. 有的区角盛放材料的盒子统一化，并贴上该区角的标记图片。如：语言区角用三角形标识、美术区角用圆形标识。每个盒子上面进行数字编码，或者图案对应。区角材料有间距、摆放整齐，不堆积、不杂乱。

3. 有的区角的标识和区角领域特点相结合，如音乐区角就用音

符或者乐器，数学区角就用图形或者数字，益智区角就用棋子等。

效果验证

区角标识材料做好了，为了帮助孩子们认识标识的作用，小王老师专门围绕区角生成了一次活动“帮玩具找‘家’——认识区角标识”，把班级当作大课堂，各个区角都是直观生动的教具，孩子们对区角标识有了认识，为每一组材料找了到相应的位置，还发现了每一个区角的标识不同，每一组材料的标识也不同，当孩子们把材料准确送回“家”，得到大家认可的掌声时，孩子们有一种成就感。

然后就是区角活动的正常开展了。在每次区角活动开始之前，小王老师都要强调：请玩过材料后，把自己的材料整齐准确地送回

“家”。孩子们对区角标识有了了解，也有了一定的物归原处的意识，小王老师发现这样的预防针非常有效，孩子们在区角中学习，在观察标识中学习。

当孩子能准确把材料放回原处时，小王老师又发现物归原处的材料筐看着不整齐，不是横平竖直摆放的，看起来歪歪斜斜的，为解决这样的问题，她们在玩具柜里加上白色或红色标示线，请幼儿按标示线平行摆放，这样孩子都能把材料筐摆放整齐了。

从区角材料标识完善中不断发现问题、分析问题并解决问题，不断观察整改，方便幼儿养成物归原处的习惯。材料收放得整齐、美观，也利于班级的整齐、美观，这是小王老师在区角标识完善中得到的收获。

十、教导，指导，还是引导？

发现问题

益智区角增加了新材料，用瓶盖来下五子棋，可以用手指夹瓶盖下棋，也可用筷子夹瓶盖下棋。小王老师观察孩子们下五子棋的情况，发现有的孩子取出了棋盘，拿起瓶盖在棋盘上随便摆了摆，摆了一些形状、数字，然后就走了；有两个孩子在玩的时候，一个孩子按照自己的意思来玩棋，另一个孩子边下棋边指挥对方："这里，这里，哎呀，放那里呗！"两个孩子玩不到一块去，差点儿吵起来，小王老师赶快制止引导。还有两个孩子按五子棋的玩法连起来，但怎么也没法连成五个，两个孩子玩了一会儿就把棋子收了。新材料应该对孩子有吸引力，但是为什么孩子们的反应会是这样？小王老师在旁边给孩子讲着玩着也没有把孩子吸引过来。

在区角活动中，小王老师也逐渐发现了孩子们存在的问题，老师说的孩子似乎不愿意听，想让孩子按自己的意愿来，或者是按预设的活动目的操作材料，孩子不会做，更准确地说，是不想那样有规则地做；有些孩子操作太机械，交流太少，老师不知道怎么指导才好；

有的孩子玩着玩着放弃了活动……

原来区角不是孩子愿意玩就行了，而要追求怎样才能玩出智慧，玩出学问。教师应该怎样推进区角游戏的深入进行呢？

寻找方法

请教师傅

小王老师带着发现的问题和疑惑，请教了张老师。张老师把问题一一分析。张老师先提出了一个问题：玩五子棋，给孩子的经验铺垫是什么？小王老师马上回应：给孩子们讲过五子棋的玩法啊，还告诉他们怎样连成一条线才算赢。张老师又问：孩子真正使用过材料吗？每个孩子都玩过吗？小王老师摇了摇头。张老师讲：给孩子展示新的材料，让孩子知道基本的玩法，这是必须的。新材料投放以后，老师的指导非常关键，如果没有及时指导，孩子在游戏中确实是会遇到难题的。老师需要观察出现的问题并及时帮助和指导，一开始要和孩子一起玩，让他知道游戏规则；会玩之后还要让他知道怎样尊重别人，学会等待。张老师针对指导的重要性给小王老师又介绍了一些基本观念。然后带着小王老师连续参加了几次关于教师指导区角活动方面的教研，老师带着观察发现的问题和收集的资料，针对每个区角的问题进行诊断，确定指导策略，区角指导的经验和方法都在教研中一一展现，让小王老师大开眼界。通过现场学习，小王老师感觉到老师的指导很重要，指导对活动的顺利开展和孩子的学习都有很大帮助。

从其他途径获得的信息

老师在区角的指导还需要注意哪些方面呢？小王老师查阅了相关资料，发现老师的指导还真是一门大学问，不是简单说给孩子就可以了。在区角活动中，教师的指导是一个开放性的与幼儿互动的过程，教师在游戏中的指导要基于教师对幼儿游戏的真实状况和心理状态的了解，是支持、帮助和引导，充分体现教师工作的专业性、艺术性和创造性。

1. 指导重点

帮助幼儿自主学习和交往，建构自己的经验体系。

2. 指导原则

（1）根据幼儿年龄特点进行指导。

幼儿各年龄阶段发展特点不同，对于年龄小的幼儿，教师应该更多地利用示范和动作引领。对于中大班的幼儿，教师可以更多地参与幼儿活动。

（2）根据区角功能的不同进行指导。

各区角设置不同、材料不同、开展的活动不同，教师的指导也应有所不同。比如：角色游戏区角重点是社会经验迁移和幼儿交往，阅读区角重点是幼儿良好阅读习惯的培养。

3. 指导方法

（1）平行介入指导：教师和幼儿玩相同或不同材料的游戏，目的在于引导幼儿模仿，教师起着暗示指导的作用，这种指导是隐性的。当幼儿对教师新提供的材料不感兴趣或者不会玩、不喜欢玩、只会一种玩法时，教师可用这种方式介入进行指导。教师参与活动，但不直接和幼儿发生交往，成为幼儿模仿的对象，从而引导幼儿的操作方式。此方法更适合小班幼儿。如：生活区角，幼儿拿着衣服拖在地上走，他还没有整理衣服的意识与方法。老师看到后，可以从生活区角取一件衣服，对这个幼儿说：哎呀，衣柜里的衣服太乱了，我们一起收拾一下吧。说完，把衣服平铺在地毯上，边说：关关门（把衣服对襟对齐），抱抱臂（两只袖子对折），弯弯腰（衣服领子与下摆对折），摆整齐。孩子看到老师的做法就会知道衣服该怎样收拾整理了。

（2）交叉介入指导：当幼儿需要或教师认为有指导的必要时，由幼儿邀请教师作为游戏中的某一角色或教师自己扮演一个角色进入幼儿的游戏，通过教师与幼儿间的互动，起到指导幼儿游戏的作用。当幼儿处于主动地位时，教师可扮演配角。教师以角色身份参与活动，与幼儿一起游戏，在交往中帮助幼儿丰富游戏情节，提升游戏水平。如：语言区角，孩子们在玩《小兔找太阳》的游戏。一个幼儿扮演故事中的小兔，其他小朋友有的扮演兔妈妈，有的扮演胡萝卜，还有小鸟没有人扮演。小朋友请老师来帮忙，老师欣然答应。孩子们用故事中的语言对话，在有限的空间想象不同的场景：屋里、院子、天空等。兔妈妈只有两句话：不是，不是。那不是胡萝卜，那是×××。小兔蹦蹦跳跳，在场地上指上指下，表示胡萝卜的位置。轮到小鸟了，故事里小鸟没有语言，老师自然地“飞翔”一圈，然后捋捋羽毛点点头，说：今天的太阳真暖和，晒得我的羽毛都蓬松起来，闪闪发亮，谢谢太阳。然后老师扇扇翅膀飞走了。小朋友一听，每一种东西都可以围绕太阳说一句话，太有意思了，于是游戏就增加了很多对白，联系生活的表演就更生动有趣了。

（3）垂直介入指导：幼儿游戏出现严重违反规则或攻击性的危险行为时，教师直接介入游戏，对幼儿的行为进行直接干预，这时教师的指导是显性的。如：美工区角和健康区角都有剪刀，只是剪刀的样式不一样。洋洋和童童分别拿了一把剪刀进行比较，说着说着两个人竟然用剪刀假装攻击，非常危险。老师看到后马上上前制止：太危险了！这样做会弄伤你们的！剪刀只可以用来剪东西，做工具用，不可以用来打闹，而且剪刀的前尖只能对着材料，不能对着自己，也不能对着别人！孩子一听知道自己做错了，都低下了头。

4. 指导中应注意的问题

（1）注重幼儿活动的自主性和自愿性，避免过多干预，不能把区角活动变成教学活动。

（2）教师的指导要有助于幼儿学习和建构知识，使幼儿获得全面发展。

（3）指导过程中，教师要在尊重幼儿的基础上进行巧妙引导。

（4）根据幼儿年龄特点和区域不同，进行有针对性的指导。

行动方案

看了这么多，也观看了其他班级的现场指导，需要根据自己班级区角活动出现的问题进行针对性的调整了。

把玩法图示化步骤化展示，帮助孩子们熟悉活动玩法。可以把

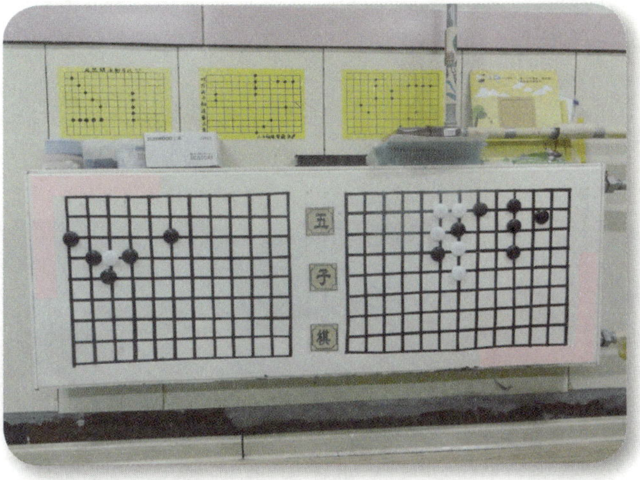

玩法简单化，比如，五子棋可以改成三子棋、四子棋，会玩后再增加难度。先在玩法视觉化和孩子经验方面做指导准备，然后再在过程中进行现场的指导。

针对不同孩子的游戏，老师有意识调整孩子的玩伴，让性格接近、经验接近的孩子在一起玩，然后请他们分别选择小朋友带着玩。

效果验证

经过调整，孩子们对材料的玩法能够接受了。特别是孩子和老师一起玩，小王老师带小徒弟，最后再进行比赛，孩子们把区角活动当成了乐趣绽放的过程，就连老师都体验到了参与的乐趣。

后来孩子们都熟练掌握了游戏玩法，老师就增加同伴，增加材料，增加规则来提高难度。通过观察，发现问题，老师以角色身份进入，发现问题进行指导。小王老师发现区角活动越来越有意思了。

老师的指导为孩子顺利进行活动奠定了良好的基础，也为孩子融洽的交往和学习提供了便利条件。

十一、冲突有什么意义？

发现问题

结合本月课程的主题，在建构区角确立了“小鸟乐园”的主题。孩子们用不同形状的积木、大小形状不同的纸板和露露桶、纸杯等材料开始进行建构活动。幼儿结合自己的建构经验，创新搭建出了小鸟的生活乐园、游戏乐园。这时正在建构区角游戏的阳阳小朋友还想要长条形的积木，开始在建构区角内穿梭寻找，在穿梭的过程中，阳阳因为有点急，动作幅度大，碰倒了别的小朋友的“建筑物”，小朋友纷纷找老师告状。这时阳阳在堆积的“建筑物”中找到了两块他需要的长条积木，刚想拿走，一个小朋友过来说“这是我的积木，你不能拿”。阳阳抓着积木不放手，说：“我要给小鸟搭建一个家，我也要。”说着两个孩子争抢了起来。

看着孩子们发生冲突，小王老师突然意识到由老师充当法官的角色可能会帮孩子们解决问题，也可能会留下后遗症，因为前期孩子们发生的冲突都是老师直接出面摆平的，所以告状不断。这一次……怎么办呢？怎样解决孩子们的冲突呢？要是因为材料的问题，需要增加材料的数量吗？

寻找方法

请教师傅

孩子们发生冲突了怎么办？小王老师带着困惑来咨询张老师。因为别人的力量暂时制止了事情的发展，当下一次事情发生时又会出现没法解决的无力感。因此帮孩子解决问题让他们有自主解决问题的能力是很重要的。作为老师该怎么做才能帮到孩子，这是小王老师心里最需要得到的答案。张老师笑了笑："产生冲突好不好呢？""当然不好了，孩子们都没法正常活动，而且大家的心情都很糟糕，活动受影响了。"小王老师有些生气地说。

张老师耐心引导，矛盾产生是因为孩子的经验受到了制约，孩子有冲破制约的需要。有问题是事情发展过程中最正常的现象，没有问题才不正常。当游戏活动进行时，孩子会产生一系列的矛盾、冲突。这些冲突不仅有助于提高幼儿认知，并且有助于提高幼儿的合作交流能力，冲突是孩子成长的必经之路。但是冲突太多也不行，会对孩子个性发展产生阻碍作用。老师对幼儿的冲突既不能置之不理，也不能为了避免冲突而将幼儿放在温室中，关键在于如何解决冲突。

张老师还说，要教给幼儿解决矛盾冲突的基本技巧和方法，让幼儿学习自我控制和自我调节情绪及行为的方法。在班级活动中，可以有针对性地开展一些帮助幼儿控制和调节情绪的活动。日常生活中，要有意识地引导幼儿掌握一些人际交往的技能和技巧。最重要的是，要让孩子明白，与别人发生冲突自己一定有责任，先找自己的问题再找别人的不是，发生冲突要有妥协，一定是相互妥协。老师尽量避免直接介入，但一定要关注。

从其他途径获得的信息

小王老师从幼儿心理学方面的书籍上找到了关于冲突如何解决

的一些策略。

适当放手，“袖手旁观”，让幼儿自行解决矛盾冲突。教师要选择介入的时机，不必要的插手只会剥夺孩子获取宝贵社交经验的机会。

适度利用“自然后果法”，让幼儿在亲身体验中解决矛盾冲突。法国教育学家卢梭根据自然教育的原理，提出自然后果法，即对儿童的过失，不去责备和惩罚，而利用过失的自然后果，使儿童自食其果，从而促进其反省和改正。适当利用“自然后果法”，使儿童明白其危害，并下决心不再重犯，效果明显。

适时运用“事件分析法”，既解决冲突，又使幼儿明辨事理。当冲突发生时，教师从当事双方分别查找问题的根源，让幼儿查找各自的问题，查找自己的不是，如果改变自己的想法和做法，用帮助别人的想法去和同伴一起游戏，问题就很容易解决。而且可以用商量、等待、交换、角色进入或者用剪包锤等游戏规则决定解决问题的方法。

可以偶尔利用“体验迁移法”，让幼儿在内省中解决冲突。在幼儿的冲突愈演愈烈，即将威胁到幼儿的安全和健康时，教师应予以调解，可采用“体验迁移法”，让幼儿以同伴的身份体验他施加于同伴身上的行为，感受该行为所带来的后果，从而刺激幼儿对自己的行为进行内省，进而明辨是非。

行动方案

听了张老师的指导和查找相关资料之后，小王老师对幼儿冲突应该如何解决的问题有了一定的思考，决定这样处理孩子的冲突：当幼儿在游戏的过程中发生冲突的时候，先选择观察情况，了解幼儿问题产生的原因，观察孩子解决问题的行为和方法，同时观察冲突的发展情况。

再观察问题深度。在安全或健康、孩子利益受到威胁或者幼儿求助的情况下，适时介入，帮助幼儿解决问题。但是在解决问题的过程中，要从幼儿的心理感受出发，共同分析商量，解决问题。

最后观察材料。教师观察区角中幼儿与材料的互动情况，观察材料的投放数量是否适合幼儿进行深入操作和探索，从而决定是否投放新材料和是否增加材料投放的数量。

效果验证

制订了活动方案之后，小王老师专注观察幼儿在区角中的游戏情况。当孩子出现冲突时，她采取了解问题，查明缘由，适时对幼儿冲突进行指导的方法。在观察孩子出现冲突的过程中，小王老师发现孩子是需要理解的，他们不是矛盾的制造者。在观察孩子冲突解决的过程中，小王老师关注但不直接介入，当冲突升级，才及时介入。她更多采用隐形介入的方式，如表情、手势、体态等的暗示，并尝试用心理学中冲突解决的方法：共情（认同），自主（这样了该怎么办）等，解决孩子之间的问题。

关于争抢材料的问题，小王老师对孩子进行了创意引导，即材料不够了就变一变游戏的玩法，取得了明显的效果。孩子在建构游戏中，当某种材料数量不够本次建构使用时，幼儿会选取其他的材料进行替代，或者改变原本的建构思路，根据现有材料进行创新的搭建。这样幼儿争抢材料的冲突就得到了较为有效的解决。同时，教师观察到幼儿在建构活动中最常使用的材料类型是不同长度的长条积木，采取了增加投放数量的方法满足幼儿操作和探索的需求。

冲突，是孩子成长和交往的需要，是独特的社会礼物。

十二、如何对材料进行卫生管理?

发现问题

秋天丰收了，通过班组教研，小王老师和同伴围绕幼儿的年龄特点和发展目标在生活区角投放了南瓜、土豆、花生、石榴、苹果等水果蔬菜，引导幼儿在生活区角中对秋天收获的农作物和适合秋天种植的植物进行观察和记录。同时，角色游戏区角以蛋糕房为主题进行游戏环境创设。在这个区角内她们投放了一部分仿真的蛋糕和面包。区角活动开始了，幼儿对这些秋收的粮食和瓜果非常感兴趣，摸摸、闻闻、画画，用各种感官参与的形式进行探索和发现。同时小王老师观察到小朋友们对这些食物的味道也有强烈的探索兴趣，他们会用嘴巴去咬，了解秋收食物的味道。角色游戏区角内，那些仿真的面包、蛋糕对孩子的吸引力真大，游戏过后，老师发现有的小面包上多了几排孩子的小牙印。

这是幼儿探索、感受的一种方式，但是幼儿用嘴巴去和材料亲密接触，这样健康卫生吗？小王老师想，怎样才能让孩子们不去咬材料呢？在材料的卫生管理方面，班级老师需要怎么做呢？

寻找方法

请教师傅

张老师说，区角活动是幼儿进行自主学习的一种重要活动形式，它是以快乐和满足为目的，以操作、摆弄为途径的自主性学习活动。区角活动促进了幼儿身心发展，能实现让幼儿通过直接感知、实际操作和亲身体验获取经验的目的。幼儿参与区角活动的积极性高，对区角中的一切都充满了好奇。味觉是幼儿感知世界的一种方式，他们当然也对各种食物的味道感兴趣，对仿真材料也有品尝其味道的欲望。所以在游戏中幼儿的各种行为都是跟材料的互动，教师要正确对待。

例如，生活区角中投放的秋季丰收的食品等材料，教育幼儿可以用手摸、用鼻子闻、用眼睛观察，如果真的想用口品尝，可以先把这样的材料拿到水房进行清洗，在老师的帮助下将食物进行卫生加工后，就可以用嘴巴来品尝食物的味道了。但区角游戏材料是孩子用手反复操作的，材料的卫生与清洁是非常必要的，也是必须的，防止交叉传染，让孩子养成良好的卫生习惯，老师的提醒必不可少。

从其他途径获得的信息

幼儿园是孩子的天堂，幼儿园玩具是孩子探索世界的载体，但是每一个孩子的健康都是不容忽视的，幼儿园要定期对班级的区角材料进行卫生清洗和消毒。

《幼儿园工作规程》指出，幼儿园必须切实做好幼儿生理和心理卫生保健工作。幼儿园应严格执行卫生部颁发的《托儿所、幼儿园卫生保健制度》以及其他有关卫生保健的法规、规章和制度。幼儿园应建立卫生消毒、病儿隔离制度，认真做好计划免疫和疾病防治工作。

对幼儿园的玩具材料，可采取以下集中消毒的方式。

能够清洗的玩具，幼儿园每周用肥皂水清洗后，用清水清洗干净，同时定期用含有84消毒液的水浸泡教具、玩具，一次30分钟，放入流动水中清洗干净，并自然晾干。

对于不能清洗的玩具，每周必须把玩具放在太阳底下暴晒一到两次，利用紫外线消毒。

逢流行病传播季节和幼儿园出现病例情况下，班级要每天对幼儿接触到的玩具进行清洗和消毒一次。

通过搜集网络资料，小王老师发现区角材料的投放也应该是安全、卫生无毒的，加强消毒的同时还要教育孩子采用正确的方法来操作玩具，保证孩子游戏的安全。

行动方案

了解了这么多的材料卫生消毒内容，小王老师对区角材料的卫生管理有了明确的想法。首先在班级开展“什么能吃，什么不能吃”的观察谈话活动，发现材料的特性，通过集体交流帮助幼儿明白哪些材料能吃，哪些不能吃；如果要吃，要保证卫生。如生活区角的实物材料，小王老师开展了一节“好吃的石榴”的集体观察和探索活动，引导幼儿通过多种感官的参与，用眼看、用鼻子闻、用手摸、用嘴巴尝等方式探索石榴的秘密，通过集体探索，知道在用嘴巴品尝食物之前，需要先采取卫生措施，小朋友先要洗手，食物先要清洗干净才能入口，还要漱口洗手。

知道真材料和假材料。帮助幼儿明白游戏是以假当真，不能真吃，假装品尝使用就可以了。而且把材料消毒的方法在幼儿面前进行演示，让幼儿知道这些假材料都是需要用消毒液消毒的，或者要用阳光暴晒保持卫生的。

在工作中，材料能洗的就洗，用消毒剂和清水进行卫生消毒，不能洗的就用阳光晒。洗和晒的部分工作可以让幼儿帮助完成，这样有利于幼儿参与对材料的卫生管理。

效果验证

小王老师在班级对幼儿进行了集体卫生教育活动，讲解了每种材料的特性，提出了卫生操作的要求，并让幼儿参与材料管理。有一次蛋糕房角色游戏中，萱萱刚想用嘴巴咬一咬“好吃的面包”，倩倩就说：“萱萱，那是假的，不能吃，不卫生。”孩子在游戏的过程中参与管理材料的卫生问题，能够互相监督。老师在区角中投放了山楂和花生，孩子们在征求了老师的同意后，用清水清洗，开始品尝了起来，发现了山楂的味道是酸酸的，山楂籽的外形特征。

由此小王老师认识到让孩子理解、参与、掌握、执行，并把孩子能够做的事情交给孩子去做，问题就能够轻松解决。

十三、偏区（角）需要纠正吗？

发现问题

区角活动一开始，轩轩小朋友就一下子溜进了益智区角选择了几种拼图开始玩起来。这一个月他几乎每一次的区角活动都会在这个区角中进行。老师建议他到其他区角玩一玩，其他区角里面也有新鲜的玩具，但是孩子去一会儿就又回来了。每一次拼图他都能很认真地完成，再小再多的拼图块都能够被他准确无误地拼回原处。其他小朋友在拼图时不能完成的他都能一下子指出来放在哪里，小朋友们非常佩服轩轩。玩拼图时的专注和成就让轩轩充满了自信。但是轩轩一直喜欢在一个区角进行活动，其他区角少有问津。这个孩子偏区角的现象比较突出，怎么办呢？

寻找方法

请教师傅

小王老师带着问题来向张老师请教。张老师询问孩子整体的发展情况怎样。小王老师想了想，说：“轩轩小朋友反应灵活，喜欢动手操作，画画挺好的。父母喜欢带孩子到处旅游，孩子的见识比较多，只是在语言表达方面有些欠缺，主动交流的次数少，但和自己的好朋友也能谈得很热烈。很热心，愿意帮助别人。”张老师针对孩子的情况做了简单分析：孩子偏区（角），老师第一感觉是想要纠正孩子的这一现象，认为孩子只在一个区角中活动，发展会失衡。但这个孩子整体发展良好，空间智能发展突出，在语言方面需要加强锻炼和培养。可以用孩子的优势智能带动孩子的弱势智能，促进孩子的发展。区角活动是孩子自主活动的空间，促进孩子整体发展。让孩子去每一个区角进行活动有些模式化，但是有效地利用孩子的兴趣促进孩子全面发展是必要的，在区角活动中创设孩子交流、交往的环境会有助于孩子偏区（角）现象的改变。

从其他途径获得的信息

小王老师在张老师这里得到了启示，发展孩子的优势智能是关键，偏区（角）只是一种现象，现象下面孩子的想法和真实需要才是重点。

为了了解更多关于孩子偏区（角）方面的信息，小王老师翻阅了大量关于区角教育方面的书籍。她对下面的研究产生了兴趣：

黑格尔说过：存在的就是合理的。偏区（角）现象有它存在的合理性吗？

非普遍发展理论的核心，强调与突出每个具体的人是不同的，不同的人具有的活动范畴也是不同的，所感兴趣与擅长的具体活动也是不同的，所胜任与从事的活动也是不同的，对幼儿而言也是如此，所以不同的幼儿必然会选择或偏好不同的区角。区角活动自身的特性是其所具有的自由性自主性，个性化和指导的间接性等特点，也就决定了在具体区角活动过程中，每个幼儿可以而且更应该根据自己的兴趣与需要选择适合自己的区角，按照自己的方式开展具体的区角活动，否则就违背了区角活动的特点。总之区角活动的这些特性，是幼儿偏区（角）现象合理性的一个重要表现与根源所在。

虽然存在的必有合理性，但同时任何的存在都是动态的和暂时的，当其合理性逐渐消逝，不合理的一面逐渐凸显时，就将会被其他更合理的存在所超越，因此任何的存在都具有合理性的一面，也有不合理性的一面。

许多教师之所以认为偏区不合理，主要因为其违背了幼儿全面发展的原则。可见，在区角活动中偏区（角）的幼儿更需要教师的启发与引导。如果缺乏教师的启发与引导，幼儿就只能获得某一方面的发展。在具体区角活动中，教师要区别对待，例如，如果有人在区角活动中只是更多倾向某一或某些区角，同时也能注意到和其他区角之间的沟通与交流，并且正是在这种彼此的沟通与交流中，幼儿所偏好的某一或某些区角活动也将会不断丰富与深化，那么这种偏好就倾向于合理的一端，不需要过多干预，如果要干预的话，重点也不在引导与启发幼儿在一定时期内每个区角都要玩一次，而是引导与启发幼儿在不同区角之间积极互动，通过这种积极干预，促进幼儿的偏区（角）现象向合理性一端移动。

行动方案

张老师的介绍和从书籍中得来的内容使小王老师陷入了思考。偏区（角）有其合理的一面，也有其不合理的一面。增进孩子的优势智能，促进孩子全面发展是非常必要的。就像轩轩小朋友的家庭对孩子的教育就起到了拓展丰富的作用，在区角活动中的偏区（角）问题，可以通过区角活动、集体活动、家庭活动解决，使其他区角和孩子感兴趣的内容连接起来，把孩子喜欢的内容穿插其中，让孩子的兴趣得到迁移，并乐意参与到其他的区角活动中。按照这样的思路，可以把轩轩小朋友的兴趣进行拓展，拓展到其他区角，比如自制拼图，请孩子自己画语言故事或自己喜欢的画面，然后将其制成不同数量的拼图，请孩子为其他孩子进行讲解、示范玩法。也可以在美工区角用九宫格组画，或者和其他小朋友一起组合画面。也可以请幼儿和家长搜集与活动主题相关的语言内容和背景知识，请幼儿口头表达出来。这些做法把区角和区角进行连接，把孩子的兴趣进行拓展，帮助孩子走入其他区角，促进孩子全面发展。

效果验证

经过一段时间的观察，小王老师发现轩轩小朋友仍然喜欢去益智区角玩拼图，但更多的是介绍自己的拼图作品，帮助小朋友完成拼图。美工区角、语言区角等都有了他的身影和他的作品。轩轩在区角活动中的兴趣有了拓展，语言的表达也更加主动和丰富了。通过单项强化、能力迁移、展露才华、全面发展，轩轩的偏区（角）现象消除了。

十四、怎样玩更有趣？

发现问题

小王老师发现班级幼儿在区角活动中对材料的操作都很专注，都能专心做自己的事情，相互交流较少，有的孩子会自言自语，或者偶尔对同伴介绍，同伴有时会回应，有时只是看一看就继续做自己的事情。有些孩子每次都喜欢自己玩，和其他小朋友合作、交流较少。比如科学区角探究汽车速度的活动，不同材质的汽车跑道，会影响汽车的速度，可以两个人或者三个人一起游戏，每次玩这个材料的孩子都是单独玩，如果两个人或三个人一起玩的话还能进行比赛；语言区角的手偶娃娃，是可以两个人一起表演的，有的幼儿却自己两只手戴两个手偶，不主动邀请小朋友一起玩。交流互动少的现象在美工区角、语言区角、数学区角表现比较突出，建构区角和音乐区角就好一些，感觉比较热闹，孩子们能够玩起来，也能交流起来。

小王老师觉得很奇怪，于是到各个班级观察，发现每个班级或多或少都存在孩子交流的问题。怎样让孩子的交流互动有效呢？

寻找方法

请教师傅

孩子的表达与交流互动有问题，让孩子乐意说，愿意与同伴交往，这需要方法。小王老师询问张老师这种情况怎样解决。张老师问："什么样的情况下你愿意说？什么样的环境让你愿意表达？什么样的对象你乐意交往？"小王老师想了想，说："宽松的环境，有共同话题的状态下，能玩到一起的同伴。"张老师笑了："对啊，现在的孩子缺少这样的环境支持。"张老师指出幼儿来自不同的家庭环境，在发展水平、能力、经验、学习方式等方面均存在个体差异，在区角活动中老师需要关注幼儿同伴间的交流互动情况，提升幼儿与同伴"对话"的能力。

一方面，幼儿非常喜欢选择与老师而非同伴互动交流，他们期待得到老师的关注和表扬。另一方面，幼儿缺乏与同伴互动交流的意识和能力，小班幼儿愿意自己玩，喜欢自言自语，与同伴交流较少，词语不够丰富，多用动作表示想法，也能用一些短词语进行互动；中大班幼儿有了一定的生活经验，愿意和身边的小朋友简单交流，但是更愿意自己玩。现在的孩子都是祖辈父辈围着转的小太阳，他们常常沉醉于中心地位，沉浸于自我的小世界中，在生活中大人代替孩子回答交流的机会较多，孩子的语言表达能力就比较弱；还有的孩子接触外界人员少，或多或少有些不合群，不愿与小朋友交往。所以，在游戏材料的提供上，就要多提供两人合作的材料，给幼儿创造合作机会。其次，在材料上贴上标识，幼儿通过观察就知道是单独操作的材料还是合作操作的材料。第三，材料一定要有情境性，让幼儿有表演和讲述的欲望。

从其他途径获得的信息

围绕幼儿交流互动有效性的问题，小王老师上网搜集了很多资料，阅读了区角幼儿交流互动方面的书籍。更确信了区角活动中幼儿合作、交流的重要性，幼儿同伴学习是宝贵的教育资源，充分发挥幼儿之间相互影响、相互促进的作用，摆脱老师包办或幼儿各自为政的局面，不仅对区角活动的开展起到有效的支持作用，而且还有助于幼儿社会性的发展。需要重视幼儿同伴资源的开发与利用，创设有益于幼儿交往的环境和材料，积极促进幼儿在区角活动方面的有效互动。

行动方案

如何有效利用同伴和区角材料促进幼儿之间的交往和互动是小王老师不断思考的问题。关于同伴合作交流，可以从材料入手，每一种材料可以一人玩，也可以两人玩；可以是合作，也可以比赛。要想提高幼儿的表达欲望，首先要从材料的情境性着手，让每一样材料具

有趣味性和情境性，要有配合的角色和情境内容。如果是合作的话，在操作盒上贴上合作的标识，是两人玩还是三人玩，看标识选同伴，让幼儿选材料时，就会想到要找同伴。游戏结束后，请幼儿先和小朋友分享自己玩的是什么，怎么玩的。教师在小结时要有意识往合作、交流方面引导，让幼儿知道一个人玩很开心，和同伴一起玩会更开心。更主要的是还要用奖励的形式肯定幼儿的合作交流，玩得最好、讲得清楚的一组小朋友会得到“星星”印章。最后请幼儿画一画自己玩的是什么，和谁一起怎么玩的，把玩的情景画出来进行展示交流，

教师将幼儿语言及时记录下来，肯定孩子的作品。

效果验证

万事俱备，只欠东风。小王老师和同伴一起对各种材料进行筛选，其中一些材料筐粘贴两个小人标识，代表两人合作玩。有些材料加入了游戏情境，比如语言区角《萝卜的故事》，一组材料四幅图，每幅图上一个大小一样但位置不同的萝卜，四个小朋友在一起交流要讲述

的关于萝卜的故事，每人一张图进行添画，然后据图讲述，比比谁的故事最有意思。美工区角的材料可以进行组合，比如蔬菜创意，需要同伴一起加工制作。科学区角的材料小赛车可以比比谁的跑得最远。小王老师和同伴对区角材料进行调整，增加情境性和趣味性，调整材料玩法，增加合作性材料的操作方法，粘贴两个小朋友或三个小朋友一起操作的标识等。

老师把调整后的材料玩法和合作游戏的材料标识讲给孩子们，孩子们自然地接受了这样的游戏方式。区角活动开始了，幼儿会先看上面的标识是几个人玩的，然后主动找小朋友商量，两个

人或三个人一起玩。区角活动中，两个小朋友玩找影子的游戏，一个人说："我来照，你来看看影子在哪儿，一会你再给我照，行不行？"科学区角的孩子在玩"我们一起打电话"的游戏。表演区角的孩子商量小动物怎样才能到对面"山坡"而不被发现等。在最后分享环节，他们都踊跃举手要和小朋友分享。孩子们有话可说、有情节可讲、有共同游戏主题的玩伴可玩，这些游戏材料只是做了简单的调整，孩子在与同伴交流、合作方面却有很大的进步，大大促进了幼儿社会交往能力的提高。

十五、频繁换区角的幼儿要不要干预?

发现问题

近期班级的美术区角、建构区角、科学探索区角、益智区角、表演区角、生活区角等，按计划陆续增添了一些新的材料，小王老师建议孩子们有计划地轮流尝试各个区角的游戏材料，参加活动。她发现大部分幼儿能较好地参与不同的区角活动，但是有个别幼儿出现频繁换区角的现象，即对一个区角活动浅尝辄止，又跑去另一个区角进行游戏。有时会连续换好几个区角都没能找到自己想玩的游戏活动。

为什么孩子会频繁换区角呢？小王老师思考着这个问题。班级内的区角材料这么多，为什么这些孩子就不能真正玩好一个区角活动呢？究竟是区角材料投放的问题还是老师的管理问题？其他班级是否也存在这样的现象呢？于是，小王老师抽时间去其他班级的区角活动现场进行观察，发现其他班级或多或少也存在这样的现象。

寻找方法

请教师傅

经验丰富的张老师这样讲，区角活动是培养幼儿合作能力、探索能力、动手能力、想象能力的重要途径，不同年龄段的幼儿进行区角活动，在充分尊重幼儿自身主体性的前提下，要保证区角活动的数量以及场地的大小与幼儿的数量、男女比例相互协调。区角数量过多而幼儿数量较少时，就会导致幼儿不停地换区角，只为图新鲜，对每一个区角活动都不认真对待；区角数量过少而幼儿数量较多时，就会出现幼儿之间相互哄抢、争执的现象。幼儿老师也要发挥自己的管理作用，制订规则进行约束，适当地引导幼儿合理、正常地换区角进行游戏。

从其他途径获得的信息

通过参考学前教育领域学者的相关研究成果，小王老师发现造成幼儿频繁换区角的原因主要有以下几个：

第一，幼儿活动不专心，缺乏耐心。幼儿天生活泼好动，有的幼儿刚刚在美工区角画了两笔就跑去建构区角看看，一会儿又去益智区角看看，自己的画却没完成；在涂色的时候，开始涂得挺好，后来就没有耐心了。

第二，区角投放的游戏材料难度太大，幼儿在区角中操作材料时，遇到困难，自己又不能解决，出于畏惧不敢问老师，出于虚荣又不想问同伴，所以想放弃，干脆换一个区角活动。

第三，游戏材料投放不科学、种类不齐全或者缺乏层次，有些材料过于简单没有挑战性，幼儿自然不感兴趣。同一种区角材料有可能会有许多幼儿同时想玩，就会导致幼儿出现争抢；有的材料种类过于丰富，有的材料种类很少，未进行有效协调和控制。

行动方案

看来孩子频繁换区角不是孩子单方面的问题。幼儿存在技能、经验、交往和合作方面的不足，区角创设、材料投放存在的问题也是孩子频繁换区角的原因之一。教师要做的，就是有针对性地引导幼儿尝试完成简单的活动或鼓励幼儿坚持完成有挑战性的内容，根据孩子出现的问题调整策略。

对不能专心于自己的游戏同时又缺少耐心的幼儿，教师可以与他们共同制订一个区角活动的计划，目标不要设得太高，要保证幼儿能够顺利完成。同时为孩子寻找同伴协同游戏，增加幼儿的自信心和兴趣，鼓励他们专心完成这个活动。在幼儿能够专心、坚持进行游戏时，教师要及时给予鼓励与表扬。

对遇到自己不会玩的游戏就想放弃的幼儿，老师可以帮助幼儿解决问题，鼓励幼儿遇到困难不要放弃，要敢于尝试。也可以让幼儿先尝试一些简单的游戏，增强幼儿的成就感，提高幼儿对区角活动的兴趣。

使用幼儿进区角记录表，通过表格记录具体反映出哪个区角活动最受孩子们的喜爱，哪个区角人员稀少，及时作出调整。

在游戏规则中强调换区角规则，当其他区角人满时，要有小朋友同意换区角方可互换区角。

最后，投放的区角材料要层次分明，搭配合理，难度适宜。区角材料的投放要充分考虑幼儿年龄特点、认知能力和兴趣以及教育目标。材料投放时，考虑不同材料间的搭配，尤其是购买的区角材料与幼儿和老师亲手制作的材料的合理搭配，对幼儿能自己动手操作的材料要适当多准备些。而且教师要具备及时调整材料和游戏内容的能力，不断给予幼儿新鲜感，让幼儿对区角活动充满兴趣。

效果验证

通过以上分析，小王老师和同伴带领孩子们重新规划和设计了区角活动。小王老师发现幼儿心情好的时候能够坚持完成一项内容，心情不好的时候就容易三心二意，容易换区角，观察到这些，老师就把孩子拉在怀里，和孩子聊天，了解孩子出现的问题，帮助孩子解决。有的孩子不熟悉规则，就集体了解材料玩法规则，请小伙伴帮助他掌握玩法规则。有极个别的孩子专注力不够，学习习惯不好，还会影响到其他人，小王老师用直接介入的方法明确参加活动的要求，或者中断活动，或者完成一项活动进行肯定，帮这些孩子养成正确的学习习惯和守规意识。虽然制订了方案，但在具体实施的时候还要针对不同问题个性化对待。

一段时间后，小王老师发现经常出现换区角的孩子活动情况明显改善，这些孩子有了固定的玩伴，在参加区角活动时能主动询问老师和同伴，更重要的是他们坚持完成一些操作，体验到了成功的快乐。原来图新鲜、遇到困难就逃跑的现象减少了，孩子有了积极的探索兴趣，学习习惯和守规意识有了很大的进步。

正所谓“孩子是脚、教育是鞋”，只有充分了解孩子“脚”的大小、形状、特点，才能造出合适的“鞋”，孩子才会真正感受到温暖和幸福，健康快乐地成长。

十六、材料玩法创新，可求还是苛求？

发现问题

纸杯垒高是孩子们喜欢的区角游戏之一。几个孩子把材料集中在一起，一层一层往上面累加，看着高度不断增长，孩子们很兴奋。随着时间推移，孩子玩纸杯垒高游戏的兴趣开始有所减退，而且出现了孩子把纸杯垒好后一下子推倒的兴奋和尖叫。小王老师感到困惑，孩子为什么不好好玩材料，开始搞破坏了呢？当观察到孩子每次都摆出结构与造型差不多的建筑物时，小王老师发现是材料的玩法出现了问题，没有更新的玩法，孩子感到不新鲜了，就要想办法找好玩的事情做。但是，材料玩法怎样创新呢？

寻找方法

请教师傅

小王老师和张老师一起探讨这方面的问题，张老师讲到只要让材料有所变化，就能够引起孩子新的兴趣。比如改变材料，可以减少一些材料，改变大小，改变数量，增加一些辅助材料帮助立体建构；也可以通过改变玩法增加新鲜感，如直线建构、环形建构、错落建构、不同数量组合建构，只要打破原来材料的平衡与结构，就能够使孩子的游戏继续玩下去，还会出现新意。

为什么这样做就能够使游戏继续下去？这样做的原因是什么呢？小王老师决定查找个究竟。

从其他途径获得的信息

通过网络搜集查找资料，小王老师发现了问题所在：解决孩子的认知冲突问题。

幼儿阶段是求知动机最强的一个时期，他们之所以会有如此强烈的求知欲，原因之一在于他们的年龄易产生认知冲突，这种认知冲突也会发生在成人身上，它是一种学习动机的来源，老师必须能适时激发幼儿认知的冲突，以增强他们的学习动机。这就必须注意材料的适宜性问题，材料应与幼儿原有经验与知识有一定联系。要丰富幼儿的经验，包括提出问题，作出假设到解决问题一系列的经验。增强幼儿发现问题，即认识到冲突存在的能力，有冲突才会有新的认知结构。经验，在引起认知冲突和解决认知冲突中，扮演着十分重要的角色，也对认知发展有十分重要的意义！

也就是说，拓展幼儿的经验，改变幼儿现有经验的结构，就可以使游戏有新的发展。那么游戏发展的基础肯定在与材料互动的经验结构了。

行动方案

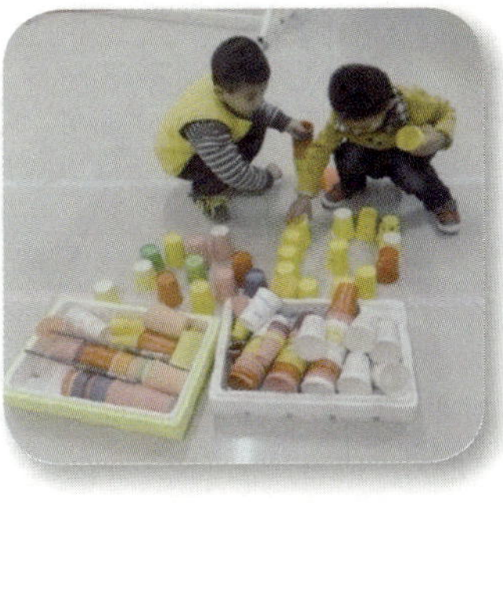

材料的变化就能够引起游戏的更新。小王老师在基础型材料上面做了一些文章，纸杯的杯体有了变化，不同大小的纸杯有着不同的颜色，大杯红色、

中杯黄色、小杯蓝色。还用 KT 板制作了方形、圆形和三角形的底板，由大到小各有四个，便于孩子做环形建构的底托。另外建筑任务有了明确标示：如三座方形大楼的标示、一座圆形大厦的标示等。还有辅助的树木、动物等小的点缀材料。张老师说材料的更新要逐步进行，一点的变化就能够引起孩子的注意和兴趣，新鲜感要时刻保持，那就逐步投放吧，先从材料的数量和色彩变化开始。

效果验证

自从纸杯有了新的变化，孩子们的注意力又被吸引了过来，因为主题标示卡的暗示，小朋友们开始用自己的智慧搭建不一样的作品。由于材料色彩不同，大小不同，每一层的排列和选材都需要用心，建构区角的材料挑战了孩子们的经验，只听到孩子们在交流：“这一个放这里？不行！你那个放那里会倒的，它们高低不一样！”“选一个红色的，这里都是红色的，它们一样大！”材料的变化引起了孩子们的细心观察，多样化的材料对孩子们的认知经验起到了促进的作用。

小材料多变化，玩法就能够创意不断，真正为丰富孩子的学习经验服务。

第三部分

区角观察与分析

一、在区角中怎样观察?

发现问题

区角活动开展这么久，小王老师每次都像写感想一样写活动记录。教研组长在她的观察记录上面批注：感情真实，热爱幼儿，但缺少客观性，对幼儿的发展缺乏有用的指导。小王老师有点犯难，想要真正发现孩子玩的水平以及孩子的能力，一下子看出来还真是一个难题。通过学习相关的幼儿观察方面的书，她了解到儿童行为观察既是教师理解与评价幼儿发展状况与发展需求的关键方法，也是幼儿园教育质量提升的有效抓手。开展儿童行为观察，既有助于教师专业能力的发展，又可以有效促进幼儿发展，更有助于幼儿园整体教育质量的提升。所以，小王老师想在观察方面下下功夫，让自己在区角研究方面更专业。

区角活动如何观察呢?

寻找方法

请教师傅

有了以上的认识，小王老师找师傅张老师来查根求源，想要进一步了解观察的原则和基础。张老师给小王老师提供了一些资料，明确指出：对儿童行为的观察与分析能力是幼儿园教师专业能力的重要体现，同时也是幼儿园教师必备的基本素养。在开展儿童行为观察的活动中，需要注意：儿童行为观察要科学、客观、严谨；儿童行为观察要与幼儿在园的一日生活密切结合；儿童行为观察要与教师对幼儿发展的个性化支持相配合；儿童行为观察要服务孩子，同时提升（教师）自己；儿童行为观察要与幼儿园主题课程互相促进。

为了获得幼儿区角活动行为的准确信息，观察者不论采用何种观察方法，都应遵循以下原则：

应明确观察的目的，并选择适当的观察方法。

观察应在确保幼儿有机会展示他们所有学习能力的情境中进行，既保证幼儿有丰富的、能吸引他们各种游戏、学习行为的材料，又保证幼儿有充分的活动、游戏时间。假如不能满足以上要求，幼儿就有可能出现低水平的游戏或学习行为，而事实上幼儿并非缺乏游戏技能或学习能力。

有可能的话，应保证对幼儿室内和室外区角活动、游戏的全面观察。研究表明，有些幼儿在室外活动与游戏比在室内活动与游戏更能表现出较高的社会性和认知水平。

应在幼儿相互熟悉并熟悉环境后才开始对幼儿进行观察。在与熟悉的同伴游戏时，幼儿会展现较高水准的社会性和认知水平。若开学初就进行观察，可能会低估幼儿真实的游戏能力和学习能力。

应持续观察，以确保记录的是幼儿典型的游戏与学习行为。

从其他途径获得的信息

通过学习和查找资料，翻阅张老师提供的相关学习资料，小王老师发现了一些观察的依据和路径。

如今，以观察为基础的儿童发展评价已成为幼儿园教师最重要的基本功。2012年颁布的《幼儿园教师专业标准（试行）》则将“激励与评价”作为幼儿园教师应有的重要专业能力之一，特别强调要“关注幼儿日常表现，及时发现和赏识每个幼儿的点滴进步，注重激发和保护幼儿的积极性、自信心；有效运用观察、谈话、家园联系、作品分析等多种方法，客观地、全面地了解和评价幼儿”。激励、赏识、客观、全面是对儿童发展评价的新要求。《指南》既提出了儿童的发展目标又例举了儿童的典型表现，进一步引导教师将儿童在日常生活、学习和游戏中的典型表现和发展目标建立联系。

《指南》是广大幼教工作者日常工作的重要依据。《指南》继承了传统五大领域（即健康、语言、社会、科学、艺术）的框架，并进一步细化了3~4岁、4~5岁、5~6岁三个年龄段的发展参照指标。这是幼儿园教师对幼儿进行行为观察的重要依据。

“学习故事”——在新西兰幼儿园中广泛使用的一种叙事性评价方式——近年来在国际幼教界评价颇高，并在英国、德国、加拿大等国家的很多幼儿园中推广。随着新西兰和中国幼教界间的交流日益频繁，“学习故事”也受到了中国幼教工作者的高度关注。

“学习故事”由新西兰学前教育学者玛格丽特·卡尔提出。它既是一种评价儿童的方法，也是一种研究方法。“学习故事”是在真实情景中完成的结构性观察和记录，能提供一种反映儿童发展的持续性画面，能用来记录和交流儿童学习的复杂性。

“学习故事”是典型的以观察儿童学习行为为基础的幼儿叙事性评价。它不仅将教师的视线聚焦在每一个幼儿身上，记录那些学习过程中的“魔法时刻”，那些幼儿能做的、感兴趣的事情，引导教师讨论幼儿的学习，对教和学进行反思，为支持幼儿学习制订计划；还通过阅读和回顾那些充满“魔法”的学习时刻，让幼儿参与自我评价，并和家庭成员分享信息和经验，使它成为知识建构过程中不可缺少的一部分。“学习故事”作为一种研究和评价的方法，强调情景、地点以及相关人员在幼儿学习中的作用。它所关注的是幼儿能做什么，而不是他们不能做什么，这样能够清楚地展现幼儿的长处和兴趣。

行动方案

了解了这么多，小王老师开始真正地观察幼儿在区角和游戏中的活动情况。她发现边观察边记录无法跟上孩子的进度，只观察过后记录又容易忘掉关键细节。于是小王老师在一个角落用手机录下孩子的活动片段，然后自己反复看，发现了一些孩子活动的特点，她尝试把这些都记录下来，但是观察记录很琐碎，不容易找到重点，描述和感性语言较多。教研组长在教研时提到了这一问题，并把客观描述记录的方法再次强调：用客观不带任何评价性的语言对幼儿的活动进行记录，然后根据记录的内容进行分析。小王老师看到“客观不带任何评价性的语言”才恍然大悟，不是用我们认为的孩子“很认真”“很努力”，而是用描述性的时间、次数、动作、表情、语言、事件等客观记录孩子，让阅读者自然有自己的判断和分析，知道孩子真实的活动状况。

效果验证

通过尝试，小王老师终于知道观察的方法，也知道了客观描述的重要性和方法。特别是“学习故事”，通过注意、识别、回应对孩子的学习情况进行记录，同时配上照片，具体、真实地反映幼儿的学习情况，小王老师感受到了观察孩子、研究孩子的快乐。

二、观察是不是挑毛病？

发现问题

区角活动开始了，美工区角一下子进入了六个小朋友，晶晶选择了一张南瓜卡片，明明选择了一张房子卡片，诺诺和硕硕都选择了小猪佩奇卡片，他们拿到皱纹纸后选择自己喜欢的颜色，开始熟练地用皱纹纸搓圆球。明明、诺诺和硕硕搓好一个粘一个，只见晶晶一直在搓小圆球，丝毫没有要粘的意思，于是李老师走上前去询问："你为什么不粘啊？"晶晶说："我等都团完了再粘。""等你都团完了，最早团的球就该散开了呀！""没事，一会儿我粘的时候再捏一下就好了。"晶晶继续搓圆球，没过多久晶晶就开始粘了，她熟练拿起小圆球，涂胶，粘在纸上，不一会儿晶晶的南瓜就用皱纹纸团的纸球粘贴好了，而其他小朋友只做了一半，这时候李老师又来了，对晶晶说："晶晶，你粘贴的球球太稀了，有点空，小圆球可以再密实一点。"晶晶看了看，又开始搓小圆球，只不过这次是搓不同的颜色，搓一个粘一个，老师说："这样南瓜会不漂亮的，颜色用的太多了。"晶晶仍然低头做自己的彩色球球，不一会儿就粘贴好了。她拿起自己的作品，脸上放着光："看，我的南瓜做好了，多漂亮！"过了一会儿，晶晶又拿起了画笔，在旁边画了很多的小南瓜，画好后，心满意足地把材料收回去，开始欣赏自己的作品。

小王老师看在眼里，心中疑惑，老师观察是不是挑毛病？

寻找方法

请教师傅

小王老师把观察到的和平时自己在观察时发现的问题向师傅张老师咨询，张老师肯定地说，观察不是挑毛病！观察要基于对孩子的了解，理解孩子内心活动和想法，在适当的时候给予引导。观察要基于平等，要能够做到观察而不评价，倾听在前、了解在后，然后给予孩子必要的帮助，提升孩子的经验。《纲要》指出：尊重幼儿在发展水平、能力、经验、学习方式等方面的个体差异，因人施教，努力使每一个幼儿都能够获得满足和成功。

因此，在观察孩子的时候老师要把握客观性原则。只有做到客观，才能够真正理解孩子，不会用挑毛病的眼光去看待孩子和孩子的活动，避免直插式不了解孩子的指导。

从其他途径获得的信息

通过了解和学习，小王老师发现观察不仅是教师必备的专业能力，也是了解幼儿的基本方法。观察是为了通过幼儿的各种行为来了解幼儿的内心活动，从游戏和偶发事件中发现所隐含的教育价值，把握时机，积极引导。经常观察幼儿，才能真正走进他们的内心，了解他们的需要，教育策略才会从幼儿视角出发。

行动方案

小王老师把获得的感受和李老师一起分享。李老师在区角活动开展的时候，注意到了对孩子指导的方式。在评价环节，李老师请晶晶介绍自己的作品，并请她分享与其他小朋友与众不同的制作方法。在介绍的过程中，李老师用肯定的“是吗，这样想真不错”这样的正面语言，而且还用表达感受的方式对孩子的作品提出期望说：“我非常非常喜欢这些南瓜，要是南瓜的色彩再和谐一些就更好看了。”晶晶点点头，说：“好的。”孩子的脸上洋溢着笑容，很自豪地把作品拿走了。

效果验证

小王老师在区角活动中也开始注意自己参与孩子活动的时机，她发现观察幼儿的活动——不干扰孩子，静静地看着孩子们自由自在地表现自己，也是一种幸福。

原来静待花开是如此美好！

三、观察从哪方面入手？

发现问题

每周的区角活动要对孩子进行观察记录，刚刚接触这样的任务，每次观察的时候小王老师都没有头绪，一进区角看到孩子们熙熙攘攘，忙着做自己的事情，一下子就找不到观察点了，更不知道从哪里开始记录才合适，记录什么、怎样记录都成了问题，真有点“老虎吃天——无从下口”的窘迫。记得第一次，小王老师拿着记录本对幼儿游戏的情况进行记录，填写了区域名称和观察对象之后，由于是第一次做记录，像记流水账一样，没有重点。

老师进区角后做什么，观察应该从哪里入手？

寻找方法

请教师傅

小王老师把问题抛给了师傅张老师。张老师正在收拾桌子上面的材料，她并没有急于回答小王老师的问题，而是请小王老师帮她收拾材料。小王老师一看这么多的材料：大小纸张、手工材料、大大小小的不同类别的笔、盒子、夹子、勺子、袋子和绳子等，材料大小各异，数量不等，小王老师一头雾水，这么多材料怎么整理？整理了放在哪里？小东西太琐碎怎么摆放？张老师笑笑："你最想整理的是什么？为什么？其次想整理的是什么？然后呢？小材料你会怎样整理？把握好原则：由主到次、整洁有序、便于取放。"小王老师静下心来，她第一项要整理的是纸张，大小不同的纸张按大小、颜色摆放，当把纸张整理好后，小王老师好像明白了什么。她对师傅说："师傅，是不是我需要把孩子的入区活动也分分类，把自己最想关注的重点观察就可以了？"张老师笑了笑说："可以这样想，也可以这样做，但是在做之前最主要的是你心中有没有目标。有时候可能没有确定重点，就需要老师当时判断取舍，如果基于上一次的或者以前的问题进行观察，老师可以选择合适的位置，以不影响孩子为宜在旁边观察。"小王老师想了想，原来进区角观察孩子首先要心中有目标。

张老师又告诉她，进区角要选择位置、选择对象、确定内容，有事先确定好的，也有随机决定的。事先确定的会与幼儿与材料的互动、玩法规则的使用、幼儿之间的交往、材料玩法的开发、幼儿在活动中的坚持时间、材料玩法的难易程度对孩子的影响、幼儿参与活动的兴趣等有关；随机决定的多与幼儿的玩法、交往、矛盾等有关，只要围绕孩子和材料展开的都可以

进行观察，可根据对目前班级幼儿发展情况的了解和需要进行取舍。

行动方案

听君一席话，胜读十年书。小王老师觉得有计划、有目标地进行活动是很重要的，越是盲目越是手忙脚乱，而且会没有重点，让自己在环境里面很被动。她把孩子进区角的现象做了分类：集体玩的、个别玩的，吵闹、安静等。又根据张老师提示的，把材料分了类：新材料、旧材料等。把操作的现象做了分类：专注、一般、随意。把幼儿进行了分类：能力强、能力弱。根据近阶段孩子们喜欢的材料和区角进行重点观察，如针对孩子们热衷的建构积木时出现的过于吵闹，积木容易倒的现象，定目标观察建构区角，对建构区角进行问题分析、查根求源。

效果验证

小王老师不再发愁进区角观察了，相反还有一种期待。区角活动开始了，伴随着舒缓的音乐，孩子们开始进区角操作了，小王老师想观察一下新投放的低结构材料彩虹球是否适合孩子们游戏的兴趣和动手能力，就在玩彩虹球的孩子身边停了下来，这个孩子静静地用小勺往小盘子里舀球球，球球轻而小，在小勺中打着转转被舀进了盘子里面，孩子坚持玩了10分钟，都没有停下来或者看其他小朋友，小小的彩虹球成了他全部的世界。小王老师环顾一周，孩子们在区角中自然地进行操作、游戏、交流。她怀着预期去观察孩子，发现孩子操作时的活动细节真的很吸引人。

四、观察到反面案例怎么办?

发现问题

秋秋是班里的一个小男孩，是出了名的捣蛋鬼，曾经被幼儿园劝退在家休息一个月。一提到他，幼儿园里不管是老师还是小朋友都无人不知、无人不晓。学期初，秋秋在美术区角用油画棒把桌子和地面都涂上了颜色。他还喜欢钻到桌子下面玩，总是趁老师不注意的时候做一些小动作，比如偷偷溜出去。他不喜欢跟小朋友一起玩，总是单独行动。做错事情后，对小朋友的告状、老师的指责无动于衷，有时候还跟老师对着干。这一次，在区角活动中，小王老师看到他在健康区角把夹豆子游戏中所有的豆子混到一块儿，还把豆子撒了一地。

小王老师困惑了：这是反面案例，观察到了这样的情况该怎样做呢?

寻找方法

请教师傅

针对秋秋这种情况，老师怎样做对幼儿的发展有益呢？之前也曾尝试给他讲道理，活动前给他讲要求，帮助他建立规则意识，但是道理、规则他都明白，就是做不到……是老师的分析不够吗？小王老师请教了张老师。张老师问："这个孩子为什么要这样做？他需要什么？"小王老师想了想，说："可能想玩吧，也可能想要老师注意他，因为他总是不被老师重视。"张老师笑了笑："我们看看现场，了解一下这个孩子再分析。"张老师和小王老师进班观察秋秋活动，发现他爱动，很有思想，与孩子交流后发现他总急于表现自己，喜欢在老师身前身后转动，通过班级其他教师了解了这个孩子做事和交往以及家庭教育情况，张老师给小王老师提出了建议：要发现这个孩子的优点，看到孩子的闪光点，对孩子要有原则，做事要较真才行。

因为孩子总受批评，他想要引人注意就会用不同于其他人的行动来突出自己；孩子的行为与后果之间的关系不够明了，是家庭教育对孩子做错事的后果总是轻描淡写以及家人教育理念不统一导致的；每一个孩子都想得到肯定和爱，这个孩子的做法也有这样的含义，还有就是对老师有不满想要发泄。

从其他途径获得的信息

《指南》中指出：家庭、幼儿园和社会应共同努力，为幼儿创设温暖、关爱、平等的家庭和集体生活氛围，建立良好的亲子关系、师生关系和同伴关系，让幼儿在积极健康的人际关系中获得安全感和信任感，发展自信和自尊，在良好的社会环境及文化的熏陶中学会遵守规则，建立基本的认同感和归属感。

播种行为，收获习惯；播种习惯，收获性格；播种性格，收获命运。陈鹤琴说过："习惯养得好，终身受益；习惯养不好，终身受累。"坏习惯一旦养成，就很难改掉，研究表明，好习惯的养成至少需要21天的时间。秋秋的好习惯没有养成，孩子认为大家不喜欢他，他并不知道这是由他做的事情导致的后果。老师只能多多帮助孩子，同时与家长取得联系共同教育才行。

行动方案

针对秋秋的情况，小王老师采取了以下措施。

1. 明确因果，安全活动

对于孩子的调皮行为，作为教师，要有耐心，了解调皮的根源，是想引起注意，还是好奇。一方面正确引导，一方面顺其自然。不要发脾气，先接受孩子造成的现状，问出原因，如：他喜欢独自跑出去去沙坑玩，小王老师就问他，为什么喜欢自己跑去玩，他说："因为沙坑好玩啊！"原来孩子是出于好奇才跑出去的，于是老师就引导他不要离开老师的视线，容易发生危险，有什么想法要告诉老师，自己一声不吭就跑了的结果有可能造成危险，还会让老师担心，这样不好。

后来有一次，小王老师带着小朋友出去了，他可能没有跟上老师，回来后，对小王老师说："王老师，我没跟上你，一楼、二楼、三楼我都找遍了，都没找着，我的心都要跳出来了……"听了他的话，小王老师知道他已经有了初步的安全意识，知道出去要跟着集体，不乱跑了，这真值得高兴。

2. 针对错误，较真对待

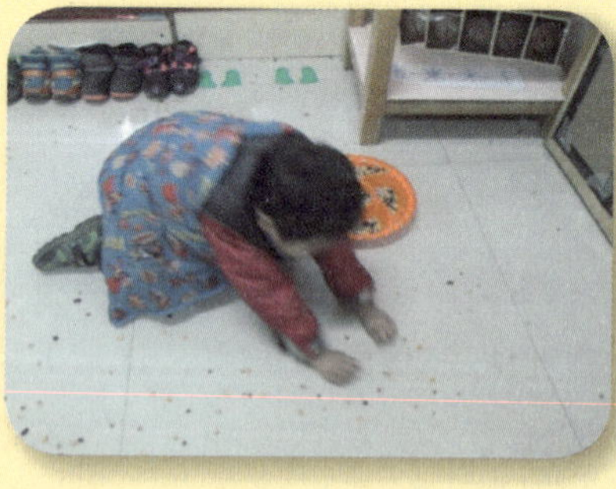

秋秋因好玩把豆子撒了一地，在区角活动结束的时候，老师温和而坚持地请秋秋把所有的豆子都捡回来，让秋秋明确行为和后果的关系：自己把豆子弄撒了，自己把它捡起来，放回盘子里。在捡的过程中有几次秋秋不想捡了，老师说："请把豆子捡到盘子里，一定要完成。"在老师的坚持下，秋秋很不情愿又不得不把豆子捡完，充分体会到了捡豆子的“不容易”，了解了行为与后果的关系，从而学会约束自己的行为，从此以后再也没有发生过这样的事情。

3. 增强自控，培养坚持

孩子在区角活动中坚持的时间很短，小王老师有目的地引导他进入区角进行活动，针对他“坐不住”的现象，培养他的任务意识，如在健康区角夹豆子，先让他明白自己的任务是什么，完成了，及时给予肯定，鼓励他进入下一个挑战环节。比如第一关夹10个蚕豆，第二关是15个豇豆，第三关是20个黄豆，第四关是30个绿豆，全部夹完，挑战成功，可以得到一个小贴画的奖励。孩子在坚持的过程中体验了成功的快乐，越来越专注。

4. 发挥长处，树立榜样

秋秋观察能力和语言表达能力都很强，想象力也很丰富，有一次午睡起床后，他描述自己做的梦描述得很完整：“王老师，我刚才做了一个梦，梦见周老师给了我两个冰激凌，一个是巧克力味的，一个是奶油味的，可好吃了。”玩的时候，他不小心把裤子弄破了，小王老师就问他：“秋秋，你的裤子上为什么烂了个洞？”“那是因为我的腿想出来透透气。”听他妈妈说，他累了，不想走路了，想让奶奶背着他走，就对奶奶说：“奶奶，你是不是年纪大了，走不动了？你只要背着我，让我亲亲你，你就会有无限的能量。”他奶奶就背着他乐呵呵地走了……虽然这些都是小事，但说明秋秋是个聪明、善于表达的孩子。于是在区角活动最后的讲评环节就经常请他来讲一讲自己的发现，教师及时给予鼓励和肯定。

有一次区角活动时，他在绘画区角拿着笔把桌子都涂了涂，又拿着笔砸小朋友。在进行照片评价的时候，孩子们看到自己的照片都很兴奋，能主动介绍自己的做法和玩法，只有他没有，在进行总结的时候小王老师说：“今天老师没有给某个小朋友照相让大家学习，为什么没给他照相呢？因为他今天没有遵守区角的规则和要求，在活动中影响别人，所以老师没有给他照相，相信他已经知道自己做得不好，希望在下一次游戏的时候能遵守游戏的规则，有更好的表现，老师也会把他的照片拍下来给大家看。”虽然只是一件小事，但是对他触动很大。

后来，老师请小朋友将玩具进行分类，问谁愿意来试一试，他第一个举手，老师就让他带着小朋友一起分玩具，那一次，他组织小朋友把玩具分类、摆整齐，还主动把玩具放回玩具柜里。老师在小朋友面前表扬了他，他非常高兴。从那以后，他就更加主动做事情并有意识地约束自己的行为。

5. 家园共育，促进成长

针对秋秋的情况，小王老师和家长谈了孩子的闪光点和存在的问题、对孩子以后的影响、家园如何配合才能更好地促进孩子发展。

家长明白了教育的方法，当秋秋在家出现问题时，家长能及时与小王老师沟通交流。孩子在幼儿园的点滴成长和进步，老师和家长都看在眼里，记在心上。家长看到孩子诸多优点的同时也很理性地看到了孩子身上存在的问题，从而反思自己的教育观念，转变自己的教育方法。

效果验证

区角活动又开始了，这一次秋秋选择了建构区角。他选好材料，安静地一片一片插放材料，慢慢的，一个造型别致的作品就呈现出来了，孩子的眼睛和嘴角都挂上了笑意。区角活动真的是孩子自主发展的良好途径，孩子的自主性、规则意识、合作意识和秩序感在区角活动的过程中建构、丰富、内化，通过观察、分析，对孩子实时跟踪指导，小王老师看到了孩子的成长和变化，家长也看到了孩子的进步。孩子在活动中能遵守游戏的规则，爱惜玩具，不乱扔玩具，玩完玩具能按照标识将玩具送回去。在有序的活动中，秋秋从最初随便拿玩具，玩的时间短到能专注地玩很长时间，他体会到了自主游戏的快乐；从最初自己玩，慢慢地学会了和小朋友交流、合作。在操作的过程中，在跟小朋友合作、交流的过程中，孩子在语言表达、合作交往、想象力和创造力等方面都得到了很大的提高，特别是在倾听、规则意识方面进步尤为明显，看到孩子的变化，小王老师真的太高兴了。

五、观察到幼儿在区角活动时出现问题，老师能否干涉？

发现问题

上午区角活动的时间到了。根据12月份课程内容，小班在生活区角、美术区角投放了手套等冬季保暖的可操作材料。在区角活动开始之前老师着重介绍了这些新材料，孩子听得都很认真。区角活动在优美的音乐声中正式开始了，孩子们像往常一样，有序入区—选择材料—操作材料。孩子们对区角活动非常感兴趣，老师也开始对入区角的幼儿进行巡回指导，这时突然看到两个孩子争执起来，原来在生活区角的哲哲和皓皓正在争抢一双手套，老师经过询问了解到原来手套是皓皓先拿到的，哲哲来到生活区角后也想试戴手套，于是出现了刚才的那一幕。老师想用“忍一忍、等一等”的延时指导策略。小王老师在教室外观察到，两个小朋友争抢、争论不休，谁也没有退让的意思，其他小朋友也被他们给影响了。

小王老师很困惑：观察到幼儿在区角活动中出现问题，老师能不能进行干涉？什么情况下介入？什么时候介入？

寻找方法

请教师傅

活动后小王老师带着区角活动中出现的疑惑向张老师进行咨询。张老师告诉小王老师，在区角活动中，教师应以观察、了解幼儿为主，应该尽量避免干涉幼儿的行为，鼓励幼儿自己去解决问题。中大班幼儿有自己的主意和思想，可以鼓励幼儿自主解决；如果无法解决，老师可以介入。小班幼儿缺乏经验，老师观察到幼儿无法解决实际问题时，可以对幼儿进行指导。如果在没有细致观察，不了解幼儿意图的情况下去干涉，会打断幼儿的思路与操作的兴趣，也会使孩子失去解决问题的契机，剥夺了孩子成长的机会。所以介入之前的观察很重要，在幼儿需要的前提下进行干涉。

从其他途径获得的信息

教师在游戏中要发挥观察者、组织者和协助者的作用，正确处理教师在游戏中的地位，注意角色身份的转换。意大利教育家蒙台梭利说过：只有通过观察和分析，才能真正了解孩子的内在需要和个别差异，以决定如何协调，并采取应有的态度来配合幼儿成长的需要。

1. 当发现幼儿游戏困难时、消极游戏时需要介入。幼儿在活动中，时常会遇到困难或挫折，我们在鼓励幼儿自己解决问题的同时，还要观察他们是否能够解决这些问题，如果幼儿不能解决问题，就会失去游戏的耐心与信心，从而放弃此时的活动，那么对幼儿来说就失去了一次经验提升的机会。时常终止并转换游戏，对幼儿来说，并不能获得经验的提升和游戏水平的提高。这时，教师的干涉是很有必要的。

2. 当幼儿发生冲突或纠纷，有碍于活动进行时需要介入。在操作材料时，幼儿的材料难免会纠缠在一起，你争我抢之时会出现大声争吵或出手打闹的现象，严重影响其他幼儿对操作材料的探索与思考，有时还会造成危险，教师若不及时干涉，后果不堪设想。所以，当幼儿发生的冲突超出他们的解决能力时，老师要及时介入。

3. 当幼儿出现不安全行为时需要介入。游戏材料丰富多彩，幼儿在操作时饶有兴致地探索，有时材料中一根皮筋都会让孩子绕在卡片上操作许久。有的幼儿则觉得好玩，绕在手臂上当手链或绕在手指上当戒指玩，如果长时间没有取下来就会将自己置于危险的情况之中，在发现这一情况时老师必须及时干涉，对幼儿进行教育，增加幼儿的安全意识，从而保证幼儿游戏安全进行。

行动方案

通过师傅的分析讲解与《纲要》《指南》相关内容的学习，小王老师知道了在区角观察时，教师要把握幼儿整体活动情况有目的地进行观察，把有目的的观察和随机观察这两种观察方式交互使用，根据幼儿的活动情况，不断分析、调整、反思，及时把握自己的角色，以促进幼儿在活动中更好地探索与学习。做到活动中认真观察，积极巡视指导；发现问题、分析问题，根据幼儿出现的问题进行分类指导；注重区角活动前的规则介绍、常规建立及活动后的评价，使幼儿对材料的操作学习更加顺利。

效果验证

周五下午孩子们喜欢的区角活动又准时开始了。在活动前，小王老师给孩子们讲了活动要求和游戏规则，明确活动的操作规则和游戏玩法，对新材料进行了重点介绍，并提出了操作过程中合作的要求。活动开始了，孩子们在区角中操作、交流，新材料在孩子们的手中摆弄着，想玩新材料的孩子就向拿到材料的孩子请求："让我玩一会儿吧""咱俩一块玩吧" 等。老师看到了孩子的交往，有的孩子不愿意参与活动，老师在旁边观察，看到孩子没有请求自己的帮助就先走开了，在旁边远远地看着。过了一会儿有一个小朋友走过来叫她，孩子点点头笑了，就和朋友玩了起来。原来观察是为了了解孩子，是为了走进孩子的世界，只有了解幼儿活动现状及想法，给幼儿独立思考的空间，才能帮助孩子积极参与活动。所以，在观察中是可以选择介入的，介入的时机应该尊重孩子的需要。

六、记录分析如何取舍？

发现问题

区角观察持续开展，小王老师和其他老师都积累了厚厚的观察记录，但是在分析和指导下一步如何做方面，还是写不具体，教研组长总是批注：缺乏针对性和实效性，对幼儿的问题分析不到位。这让小王老师很沮丧，观察记录孩子的过程确实很有意思，但是分析和指导跟不上，教育的意义就不大，那不就是事倍功半吗？

区角活动观察记录后如何进行分析呢？

寻找方法

请教师傅

小王老师把问题抛给了师傅张老师，张老师并没有一下子讲太多理论，而是结合平时的工作，把“学习故事”和案例结合起来给小王老师讲清楚。

依据幼儿园通常的做法，对幼儿的观察分析一般包括：事件描述、行为分析和进一步的支持。这与“学习故事”的“注意”“识别”“回应”基本一致。下面从“事件描述”“行为分析”和“进一步的支持”三个方面来说明观察分析的一般思路和要点。

1. 事件描述

对幼儿的行为进行随机或系统的观察，是教师了解幼儿、分析幼儿行为背后心理发展特点的重要手段。对幼儿的行为观察在技术上要注重以下几个问题：

（1）明确目的性

观察过程中的目的性，即从立体情景中提炼与目的相关的关键信息。

很多老师在观察描述幼儿行为的时候，采取了记流水账的方式。虽然有一定的客观性，但由于没有明确的目的，接下来的分析就容易没有方向。比如下面这个例子：

区角游戏时间，培培选择了益智区角，要和好朋友一起玩棋，可是打开盒子后发现里面的骰子不见了，到处找都没有找到，最后拿了旁边小朋友玩具框里的小方块积木跑到我的面前：“吴老师，我可以拿这个当骰子吗？”我说：“当然可以啦！”于是他就找了一支笔在方块积木的面上都写上了数字，来充当骰子。游戏也就愉快地开始了！

如果对幼儿的观察做到了目的明确，后面的分析就很好进行了。比如下面这个例子：

在今天的角色游戏中，妍妍扮演的是小银行的收银员。角色游戏开始之后，她来到了桌子旁边，将小银行的材料放在了桌子上。接着她拉出了凳子坐了下来。

起初并没有人来取钱，她开始检查每个小朋友的银行卡，检查上面的钱数。随后，君君来取钱了，妍妍找到了她的银行卡，说：“君君，你的银行卡上还有8块钱，你要取几块钱？”君君回答：“5块钱。”于是妍妍先用铅笔画掉了5个蓝色圆点，再拿了5块钱从出钱口塞了出去，然后把君君的银行卡收了起来，放到了应该放的位置。

接下来的一段时间，没有人来取钱，妍妍就开始整理小朋友们的银行卡，她按照不同组别来放置银行卡。没过多久，君君又来取钱了，说：“我要取2块钱。”妍妍又拿出了君君的银行卡，用铅笔画掉了2个小圆点，紧接着，拿了两个1块钱从出钱口塞了出去。君君拿到钱后问了一句：“我的银行卡上还有多少钱？”妍妍用手指着剩下的圆点数了一下，说：“还有1块钱。”说完，君君走了，妍妍就继续自己的工作了。

（2）保证客观性

客观性是观察幼儿行为的核心要求。要做到客观观察幼儿，教师应当区分观察与经验性评价的不同。观察是客观记录，看到什么就记录什么。而经验性评价则是在教师经常性地接触了解幼儿的基础之上对幼儿做出的判断，带有一定的结论性质。

例：中班的明明虽然聪明能干但经常被小朋友告状。在一次户外游戏中，有小朋友找孙老师告状，说明明打他，孙老师就惩罚明明站着，不让他继续玩游戏。还有一次室内区角活动，欣欣突然哭了起来，很多小朋友一起喊：“老师，明明又打人啦！”，孙老师问明明原因，明明理直气壮地说：“她先打我的。”欣欣则说：“因为明明抢我的玩具，我才打他的。”于是孙老师很生气地对全班小朋友说：“明明抢了欣欣玩具，还打欣欣，小朋友以后都不要跟明明玩。”从那以后，一提到明明，小朋友都会不约而同地说“明明老打人，他以前还打过我”，甚至其他孩子的父母也认为明明是个“坏孩子”，让自己的孩子不要和明明玩。

上面的例子里，开头就把明明描述为“聪明能干但经常被小朋友告状”就是典型的经验性评价。

（3）体现细节

细节是展现幼儿心理等的有力证据，教师在观察时对细节的关注和描述，可以为观察者自己和读者提供信息丰富的素材。

例：小亮又走到语言区角门口观望了一会儿。语言区角已经满了。小亮没有和其他小朋友作任何交流。老师见状问他：“你要不要去建筑区角玩玩？”小亮没有回应，但是跟着老师来到了建筑区角，不过他还是不断回头看语言区角。

上面这个老师帮助幼儿选区角的例子中，对幼儿有细节的描述，使得幼儿的形象更加生动，其行为背后的心理活动也能得以更好地展现。

2.行为分析

行为分析是一线教师在观察过程中遇到的普遍问题。很多老师反映，描述事件没有问题，可就是分析不出什么是有价值的东西。最后只能对幼儿学习行为进行教条化和模板化的分析。即不管、不论观察到幼儿什么样的学习行为，几乎都套用差不多的分析与判断模式。

那么比较可行的做法是什么呢?

“学习故事”是一种记录幼儿学习过程的叙事性评价方式，它强调在真实的情境中连续描述幼儿的各种行为，并以此来展示幼儿的学习与发展状况以及学习与环境的联系，对幼儿的学习与发展进行全面和整体的观察与评价。

3. 进一步的支持

所有的观察与分析都是为了更好地了解幼儿的发展、理解幼儿的需要。所以，观察分析的落脚点不应该停留在“知道怎么回事”上，而应该走向“下一步该怎么做”。

（1）促进游戏深入的材料策略

通常，教师在材料调整过程中经常采用的方法是大批量的更换。这种做法既耗费人力、物力、财力，同时又未使资源得到最大限度的利用。因此教师在材料调整中的策略很重要。根据幼儿的发展情况，对材料进行优化组合、资源共享、设置情境、分层呈现等各种方式的变化，就能达到物尽其用，减少教师不必要的劳动，创造材料高效益，顺应幼儿发展的目的。

比如：小一班开展整理鞋柜的活动，一开始幼儿兴趣不高，教师提供了一把小鞋刷后，孩子们玩得可带劲了。他们一边整理鞋柜一边刷鞋子，高兴的样子引来了更多的孩子。

通过材料的增加、减少，可以适当调整现有材料的游戏难度，也可以更好地促进游戏的深入进行。

（2）推动游戏持续的介入策略

自然状态下的幼儿游戏变化多端，教师要认真观察，并在此基础上抓住时机有效介入。幼儿在游戏中常常会遇到困难和挫折。此时，幼儿一般会想方设法解决问题，使游戏进行下去，但也有一些幼儿会放弃游戏。教师要静观其变，留给幼儿自主解决问题的时间和空间，让幼儿在尝试中积累经验，学会正确对待困难和挫折。当然，一旦发现幼儿因实在无法解决问题而即将放弃游戏时，教师必须介入。

中班角色游戏开始好一会儿了，教师发现“超市”里的三个“营业员”站在“超市”门口无所事事，眼睛看着娃娃家，手里一直无意识地拨弄着小玩具，而“超市”里的物品倒是琳琅满目，于是教师走进了“超市”。

教师问：“营业员，你们站在门口看什么呀？”

幼儿回答说：“娃娃家很热闹，我们这里没人来，不好玩。”

教师又问：“怎么会没人来呢？”

幼儿回答说：“爸爸妈妈都不来买东西……他们大概太忙了。”

教师说：“哦，原来是这样。那要是他们的娃娃牛奶喝完了怎么办呢？”

幼儿说：“我们送货上门好了。”

教师说：“送货？不错。怎么送？”

三个幼儿热烈地讨论起来。不一会儿，一个幼儿找来一辆手推车，装上货物就出发了。他一边走一边喊：“我给娃娃送牛奶来了。”

在上面这个案例中，教师通过观察发现“营业员”因没有对应的“顾客”玩伴而无法深入展开游戏，便立即引导幼儿讨论和想象，使游戏情节有了突破。保证了游戏的顺利进行，充分体现了观察对教师介入的作用。

从其他途径获得的信息

师傅推荐小王老师重点学习新西兰“学习故事”系列丛书，小王老师在学习的过程中发现了关于分析评价的重点，如获至宝。

1. 关注幼儿的优势与兴趣，进行正面评价

在以往的观察评价中，教师往往习惯以幼儿的问题和不足为出发点，分析幼儿与同龄人相比有哪些发展比较欠缺的方面，有哪些有待重点培养和提高的地方，进而针对幼儿的问题采取一定的教育措

施。而"学习故事"所倡导的则是关注幼儿发展中表现出的优势和进步，发现幼儿的兴趣和潜能，相信幼儿是有能力、有自信的学习者，因势利导，以长带短，推动其不断发展。

今天涵涵小朋友玩七巧板，她先从玩具筐里拿出来两块红色的三角形，拼成了一个正方形；然后又拿了两块三角形拼在了正方形的后面，她说："这是一条小鱼。"接下来她又拿出一块平行四边形和两个小三角形，不断调整位置，拼成了一个大三角形，这时涵涵笑了……

行为分析：

涵涵小朋友在玩七巧板的游戏中，注意力很集中，她能用常见的几何形状有创意地进行拼搭，并且在操作的过程中能不断地去尝试、探索，依靠自己的努力去获得成功。

教师已经开始逐渐深入领会"学习故事"的内涵和操作要义，转变观察视角，从发现幼儿闪光点出发，进行正面评价，不再以"审判者"的眼光评判幼儿。

2.关注幼儿的行为过程，进行个性化评价

在之前的观察评价中，教师常常以幼儿最终是否完成了某个行动目标或者是否学会了某些知识与技能作为评价的标尺，而忽略了在这一过程中幼儿所表现出的具有个性化的学习策略和方法。

随着行动研究的开展，教师们越来越深刻地认识到关注幼儿的行为过程比单纯关注其行为结果更能全面、客观地了解其学习特点和发展轨迹，也越来越清晰地明了在行为观察中如何进行观察以及观察什么，进而对幼儿呈现出的个性化特点和优势进行评价。

晨晨来到建构区角，她从积木筐里找出一些圆柱体积木，在自己身边摆成一排，摆好后对旁边的小朋友说："看，我的围墙。"这时，她发现旁边的田田用积木搭了一座"楼房"，她想了想，就把"围墙"推倒，拿出一个圆柱体积木，竖着放好，又拿出一个圆柱体积木放在它的上面，当垒到第三块积木时，她发现第三块积木比第二块粗，似乎不稳当，于是就把两块积木交换位置。她停下来，把剩下的圆柱体积木拢在一起，仔细看了看，又拿出其中的两个，上下摞在一起比较了一下。

在接下来的搭建中，晨晨遵循着"从粗到细"的方法，将圆柱体一个一个搭起来，直到搭成了一座高高的"宝塔"，她高兴地向旁边的小朋友炫耀自己的"杰作"，开心地笑着。

行为分析：

晨晨在搭建"宝塔"的过程中，发现不同粗细的圆柱体不能随意拼搭，要把粗一点的放在下面，细一点的放在上面，"宝塔"才稳固。在这一经验基础上，她对自己的积木进行了观察和比较，以保证自己的搭建工作能顺利完成。在自主探索的过程中，晨晨对圆柱体有了进一步的认识，并且表现出较好的观察力和逻辑思维能力。

在对幼儿探究行为的发生过程进行观察与记录时，教师更加清楚地了解幼儿在探究的过程中"做了什么""想到什么"，从而更加准确地解读幼儿的行为及能力表现。

3. 关注幼儿的学习品质，进行全面评价

传统的评价方式更多地关注对幼儿进行"是否能手口一致进行点数""按种类正确进行分类""能用完整语言进行讲述"等诸如此类与知识技能相关的评价，并以此来判断幼儿的发展水平。运用"学习故事"评价方法之后，良好的学习品质和习惯对幼儿的影响被提高到新的高度。"学习故事"的教育理念与《指南》精神高度契合，教师在《指南》精神的引领下撰写学习故事，更多地关注幼儿在行为中表现出的学习品质和学习方式，并以此为出发点对幼儿进行识别和回应。

在建构区角的铭铭从积木筐里拿出一块长条木板和一块三角形积木，他把长条积木的一头搭在三角形积木上，看了看，对旁边的嘉嘉说：“看，滑梯！”他把手边的一块正方形积木放在了滑梯上，眼睛盯着积木，正方形积木没有滑下去，依然在原来的位置。铭铭用手推了推，正方形积木只是向下滑动了一点点就停住了。他又继续推了一下，积木又向下滑了一点点。这时旁边的嘉嘉说：“圆形积木才能滑下来，方形积木滑不动。”说着，嘉嘉找出一个圆柱体积木倒放在“滑梯”顶端，然后松开手，积木顺着“滑梯”滚了下去。

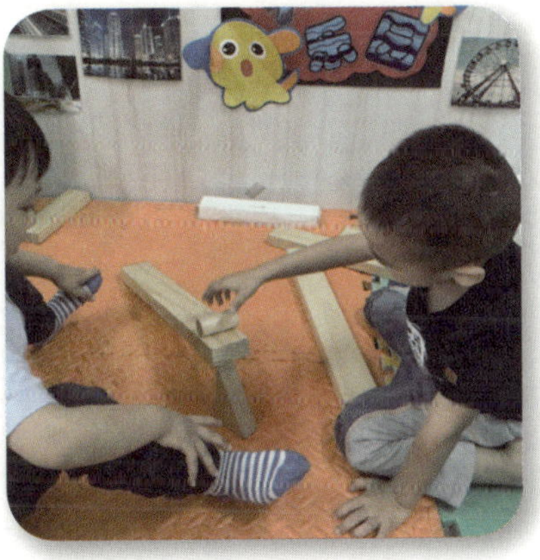

铭铭在一边看着，没有说话。他把正方形积木放在“滑梯”上，积木仍然一动不动。铭铭跪在“滑梯”旁边想了一会儿，拿起那个圆柱形积木放在正方形积木的后面，一松手，圆柱形积木推动着正方形积木一起从“滑梯”上滑了下去，他马上显得十分兴奋，大声对嘉嘉说：“快看，快看，我的积木滑下去啦！”嘉嘉放下自己手中的积木，凑过来，他们一起又把两块积木放在“滑梯”的顶端，正方形积木在前边，圆柱形积木在后边，看着它们一起从“滑梯”上滑下来，开心地笑了。玩了一会儿，他们又从积木筐里找出一些三角形积木和半圆形积木，用同样的方法让这些积木“滑滑梯”，玩得不亦乐乎。

行为分析：

（1）虽然一开始，探索行为并没有达到预期的结果，但是铭铭

第三部分　区角观察与分析

并没有就此放弃，而是不断地进行尝试。当他看到同伴的行为后，能够积极思考，从中获得有益的经验，再次尝试探索，积极调整材料，最终找到解决问题的方法，获得了成功。铭铭对于自己感兴趣的事物能够进行仔细而持续的探究，具有一定的探究意识和能力。在学习行为方面，能够认真观察，发现问题，汲取经验并运用于新的学习活动中，表现出了较好的学习品质。

（2）铭铭在游戏中能主动与同伴分享自己的结果，并且和同伴一起合作选择更多的材料进行游戏，共同体验游戏的快乐，表现出良好的人际交往能力。相信在这次游戏中，铭铭和嘉嘉对"圆形的物体能够滚动"这一知识经验有了更进一步的感知和理解，同时也收获到了探究和成功的快乐，在今后的活动中会更加乐于去发现、去探索。

在记录和评价中，教师不再单一地关注幼儿探究的结果，而是将目光更多地聚焦在幼儿探究行为本身，及时发现幼儿表现出的良好的学习品质，并将其作为评价的关注点，这样的评价更能体现大教育观对幼儿成长的影响，更有益于促进幼儿的全面发展。

行动方案

学习过后，小王老师根据案例和理论，开始正式严谨地写学习故事。她用手机把孩子当时的活动情况拍摄了下来，然后回到办公室对着视频一分一秒一个动作一句话地记录和分析，短短5~6分钟的视频，小王老师写出了几千字的观察记录。然后根据上面的原则试着分析案例，做出对孩子发展有意义的评价。经过"难产"似的观察、记录、分析，小王老师拿给张老师看。张老师又提出了几点意见，并在原来观察的基础上，结合视频做了修改和指导。小王老师一下子明白了，原来观察容易分析难，观察必须能为孩子的进一步发展提供有效的支持。

效果验证

通过一段时间的实践和研究，推敲和探索，小王老师的学习观察故事越写越熟练，她撰写的观察故事成为模板供其他年轻教师学习，而且她的学习观察故事还获得了区青年教师学习故事评比一等奖。有了这样的激励，小王老师更加努力了，一分耕耘一分收获，在“观察幼儿—记录分析”的路途上，小王老师收获着越来越多的快乐与满足。

七、观察记录表如何设计?

发现问题

区角活动开始了，小王老师像往常一样手拿笔记本在区角中开始观察，她一会儿记录孩子的动作，一会儿倾听并记录孩子的言语，持续记录着孩子在区角活动中的各种情况。等到区角活动结束时，已经记了满满一张纸。教研组长现场观察到这一情况，对小王老师说："记录得很辛苦，这么多东西怎样一下子看出重点？有没有更简洁的方法？比如说表格什么的，能够对应填写和选择某些情况，减少记录的文字量，还可多一些观察时间。"是啊，密密麻麻写了这么多，还要逐字逐句分析，不能一下子抓住重点，文字记录确实很麻烦。

教研组长说的表格是好，可是观察记录表怎样设计呢?

寻找方法

请教师傅

小王老师带着问题去找师傅，张老师用一贯的问题引导开始了对小王的启发。“观察什么？观察对象是谁？观察哪些方面？观察多长时间？孩子有哪些典型行为？出现了多少次？”小王老师一头雾水：“观察孩子的行为和语言啊，观察对象肯定是孩子啊，观察孩子与同伴的互动，游戏的过程，游戏时间等，但这些和表格有什么关系？”张老师笑了笑，这些是表格设计的关键点，把这些设计到表格里，就会减少不必要的文字记录。

小王老师好像明白了表格的设计思路。

从其他途径获得的信息

表格以其简约、清晰，便于统计和记录而方便使用。通过纵横方格的划分就能够从上至下设置多个功能区，将物品、类别、属性、数量、内容、性质等逐一体现，使用方便，便于管理。

通过上网学习和参考《课堂观察：走向专业的听评课》这本书，小王老师发现观察记录表需要有时间、地点、观察对象、记录人、观察重点、观察内容、分析与反馈等内容。

行动方案

小王老师开始着手设计观察记录表了。开始的时候，小王老师把需要观察的内容全部都设计进表格里。如下所示。

区角观察记录表

观察教师：　　观察时间：　　观察地点：

入区（角）人数	选择材料	操作时间	教师指导的语言、行为	评价的方式		师幼互动	
				自评	教师评	有效	无效
汇总							

请师傅张老师看了看，张老师认为，在这张表格上面没有体现幼儿的学习和行为特点，以及与教师的互动情况，评价标准简单，操作时间缺少量化，拿到表格会不知道记录多长时间合适，所以整个表格出现的问题是观察对象不明确，评价方式不具体，表格记录太泛泛等。

小王老师接受了师傅的建议，又把《课堂观察》这本书认真看了看，接着又在原来的基础上重新调整，把表格再次加工、充实。从幼儿学习和教师指导两个维度重新设计了观察记录表。如下所示。

区角观察量化表

观察维度：幼儿学习、互动及目标达成情况，教师教学及指导情况。

观察重点：观察幼儿在区角中的活动情况，准确评价幼儿，了解教师指导的有效性 。

班级：　　观察区角：　　观察教师：　　日期：

观察指导时间：____点____分一 ____点____分

<table>
<tr><th colspan="12">幼儿学习</th><th colspan="9">教师指导</th></tr>
<tr><th rowspan="2">入区（角）幼儿姓名或编号</th><th rowspan="2">材料名称</th><th colspan="2">材料类型</th><th colspan="3">活动形式</th><th colspan="5">幼儿操作学习方法</th><th rowspan="2">教师指导语言</th><th colspan="3">指导时机</th><th colspan="4">教师指导后幼儿反应</th><th rowspan="2">指导后操作结果</th></tr>
<tr><th>原有</th><th>新增</th><th>个别</th><th>平行</th><th>合作</th><th>无目的摆弄</th><th>自主探索</th><th>模仿同伴</th><th>同伴帮助</th><th>教师指导</th><th>幼儿求助指导</th><th>观察指导</th><th>直接指导</th><th>按指导完成</th><th>根据指导结合自己意愿完成</th><th>只听无应答</th><th>无反应</th></tr>
<tr><td></td><td></td><td></td><td></td><td></td><td></td><td></td><td></td><td></td><td></td><td></td><td></td><td></td><td></td><td></td><td></td><td></td><td></td><td></td><td></td><td></td></tr>
<tr><td>分析与建议</td><td colspan="20"></td></tr>
</table>

注：操作结果可以用文字，也可以用图画、图示表示，可以画“正”，也可打“√”。教师根据幼儿人数和相应内容在空格内对应记录。分析与建议，针对本次记录出现的问题和表格内数据反映的问题进行分析，指出原因，提出建议。

通过几次的反复调整，终于设计出看起来比较具体可行的观察记录表格。小王老师拿给张老师看，张老师建议班级两个人同时观察，也可以一人同时用两个表观察，第二个表格可以以三分钟为限记录一次；如果时间长，可以再调整时间，这样记录不盲目、不慌乱。

效果验证

听了师傅的建议，小王老师用表格进行记录，有的细节没有及时记录，就用标记和照片代替，最起码在观察过程中更加从容了。在使用表格的过程中能够量化的尽量量化，能够文字说明的就文字说明，设计完这些表格，小王老师感觉自己的思路更加清晰了，原来表格记录可以使观察更专业。

八、现场观察时，不能及时记录怎么办？

发现问题

区角活动开始了，小王老师在美工区给孩子们准备了丰富的材料。活动一开始，有六七个幼儿一下拥挤到美工区角，只见一个男孩子最先选到模具刀，然后拿了橡皮泥，接着另一个小朋友把糖纸拿到自己跟前，因为材料非常充足，每个幼儿都拿到了自己喜欢的材料，孩子们迫不及待地开始制作起来，还不时进行交流。小王老师手持记录表，看到美工区角有这么多孩子，一下子手忙脚乱，不知道从何开始记录了。

小王老师犯了难：现场观察不能将孩子的情况及时记录下来可怎么办？

寻找方法

请教师傅

小王老师想要解决在孩子活动中及时记录的问题，正好遇到了同年龄班的李老师，她也存在同样的问题，既要观察又要记录，一低头记录活动就发生了变化，感觉现场记录不下来。她们一起去咨询张老师。张老师点点头，说："是的，孩子的情况是变化的，在现场记录的时候有时会跟不上，那么就要选择其他的方法帮助观察记录，我们记录的目的是观察孩子在活动中学习的情况，有些细节转瞬即过，可以通过视频回放仔细观察，如果你觉得今天在一个区角中对孩子的观察有意义，比如说刚投放了材料，或者是观察孩子一个典型的行为，都可以用视频录制的形式把它记录下来，然后抽时间回放观察，仔细分析，最后用文字梳理出来。"张老师告诉小王老师和李老师，只有经常练习才能够有选择地进行记录。现场观察用标志性的文字或符号、图画记录，活动后及时补充也可以。

从其他途径获得的信息

小王老师觉得视频是一个很好的方法，可以直观捕捉现场，可以随时回放，了解活动现场细节。有没有更好更简单的方法呢？通过查找资料，小王老师了解到，观察了解幼儿是指教师能够通过观察，了解幼儿的发展状况、心理需求和存在问题，并据此制订教育工作计划、确定教育措施，有目的地获取儿童行为中的信息，并赋予其意义，促进幼儿成长发展。观察法是指研究者根据一定的研究目的、研究提纲或观察表，用自己的感官和辅助工具去直接观察被研究对象，从而获得资料的一种方法。可遵循全方位原则、求实性原则、客观性原则。为避免主观臆测和偏颇应遵循以下内容：每次只观察一种行为、所观察的行为特征应事先有明确的说明、观察时要善于捕捉和记录，可采取时间取样的方式进行观察。

1. 照片式记录

照片是很好的行动停留、作品保存方式，在游戏活动观察时，教师可以有选择性地进行拍摄，然后选取有价值的信息进行记录分析。内容可以是幼儿在活动中的一些表现，也可以是教师提供的活动材料，还可以是幼儿在活动中的作品……教师可以利用这些信息进行分析，评价幼儿的能力、习惯、学习品质等。

2. 表格式记录

表格可以将一些信息进行汇总，如幼儿的入区（角）情况、材料的选择情况、操作情况（针对某一区角人数及语言描述）等，表格内容细化，分类明确，以选择式、简单填写式为主。观察游戏中每个环节，做好区角游戏的记录，也能发现幼儿的发展状况。

3. 音频记录

现场利用手机和其他的录音设备对幼儿的语言和交流做一个直接的记录，可回放倾听。

行动方案

通过师傅的指导和自己的学习，小王老师针对自己的观察情况对观察记录的方法进行反思。利用图片和视频抓取多个角度，多方位对幼儿的情况进行记录，通过视频还可以选取更有效的镜头进行截屏，更能直观地说明问题。小王老师还把观察到的内容即时反馈和展示给幼儿，让全体幼儿分享每个人的经验，使其感到自豪和满足。通过观察记录收集幼儿个案（行为、经验）， 积累了本班孩子发展的第一手资料。小王老师图文对应的观察记录生动直观，她把所有记录内容分类，能较准确地评价幼儿的发展。

效果验证

有了观察的工具和辅助的方法，小王老师观察幼儿轻松多了，手里拿着观察记录表和相机，随时对幼儿的行为、交往、操作进行抓拍，对作品和过程进行记录，她感觉到工具的使用使自己的观察更加细致和轻松，留下来的精品越来越多了。观察记录是教师在教育教学工作中不可缺少的重要技能。通过工具记录幼儿的游戏行为，全面了解行为发生的具体过程，以便老师了解幼儿的发展需要。通过现场的辨别和筛选，老师的分析能力得到提升，可以为幼儿提供更适宜的帮助与指导。

九、相同的区角观察到的内容却不同，怎么回事？

发现问题

为了进一步推进区角活动，幼儿园组织班主任进行区角教研，大家集中在大五班观察区角活动。小王老师和郑老师都选择了健康区角，郑老师是一位经验丰富的老教师，有十几年的教学经验。小王老师和郑老师同时观察了两个男孩使用筷子夹豆子的游戏过程。观察结束后，大家在教研过程中介绍观察到的对象和观察的内容，小王老师以为郑老师和自己观察的一样，谁知道郑老师和自己观察的对象相同，但是观察的内容却不同。

为什么相同的区角，相同的观察对象，老教师和年轻教师观察的内容却不同呢？

寻找方法

请教师傅

小王老师请教师傅，为什么自己和郑老师都观察健康区角，相同的观察对象，内容却不同呢？师傅意味深长地笑了，问：“观察的时候，你最关注孩子什么？”小王老师想了想：“我最关注孩子的动作、神情和与同伴的交往。”“为什么啊？”“因为这些是孩子最直接的表现，而且能让我看到孩子的兴趣和态度。”张老师问：“那么，郑老师介绍自己看到了哪些内容呢？”小王老师回忆了一下说：“郑老师更注重孩子的动作，与材料的互动，坚持的时间和玩法的开发。她看到了很多我没有注意到的内容。”张老师点点头：“你们从自己的角度去观察孩子，根据自己的需要发现区角活动对孩子的影响，都是可取的，郑老师是一位经验丰富的老教师，她更注意环境与孩子的互动及对孩子的影响，因为我们在研究区角，所以就从区角材料入手观察，郑老师在用自己的理解观察孩子。”

小王老师若有所思地点了点头，观察点不同就会有不同的收获和看法。别人的经验要学习，要汲取，以促进自己成长。

行动方案

小王老师主动和郑老师结对子，经常到郑老师班观摩郑老师的区角活动，学习郑老师带班的经验，特别是关于区角观察方面，观察什么对孩子的发展更有意义，小王老师在看的过程中体悟到更多的观察方法和细节。

效果验证

通过小王老师的努力，班级的区角活动能够井然有序地开展了。小王老师主动承担了幼儿园里的区角观摩展示课，通过对幼儿细心的观察，有重点地抓拍，在区角活动结束时，小王老师能够自然流畅地对孩子的区角活动进行有重点的评价，得到了大家的认可。

十、在区角活动中观察全部还是个别?

发现问题

区角活动拉开了帷幕，小王老师手拿观察记录表走进了活动区角。作为主班老师，这一次小王老师进入区角需要边观察边指导，虽然小王老师已经做了准备，但此时心中仍有疑惑。原来作配班老师的时候，小王老师只做观察，并且可以围绕一个方面进行观察。今天作为主班老师，既要观察又要指导，这种情况下，是观察全部还是观察个别就成了一个问题。

寻找方法

请教师傅

活动后，小王老师和师傅探讨这个问题。师傅问到：当一个人是活动主要组织者的时候，需要组织哪些孩子？小王老师想了想：全体孩子啊。

师傅又问："当孩子们入区（角）之后，能否观察到孩子整体的入区（角）情况？"小王老师把孩子入区（角）的情景在头脑里过了一遍，肯定地说："能。"师傅又问："怎么观察的？"小王老师说："当孩子手持入区卡进区时，老师在随机走动的过程中能够把每一个入区（角）的孩子及时观察到，留意他们的选择内容。"师傅又问："什么样的情况印象最深刻？"小王老师："在定点定位观察的时候，会更深入和持久。"

师傅点点头："对啊，全面的观察是需要的，个别的观察是必要的，在一个活动中关注自己的观察目标，有选择地进行观察，既要把握整体，还要关注部分。"

从其他途径获得的信息

小组教研活动时针对班级观察是面对全体还是部分，小王老师抛出了自己的问题。每个班级的老师针对自己班级区角活动实施过程进行了交流，大家共同研讨在区角活动的观察中是应该整体观察还是个别观察。通过交流研讨，大家的意见是：在区角活动中教师前期要整体观察幼儿，从中发现存在问题较多的区角，需要老师重点关注的区角或者幼儿，后期再进行个别观察，这样才能深入了解幼儿在区角活动中的真实情况。中间老师需要巡回关注幼儿的整体情况，在最后评价环节对孩子们进行指导和鼓励。

年龄大致相同的幼儿较普遍存在共同的身心发展特点。幼儿的年龄特征在很大程度上制约着他们的学习，决定着他们适合学什么，适合怎样学，只有深刻了解和把握幼儿身心发展的年龄特征，教师才有可能真正了解幼儿教育的原理、原则，并自觉地将其贯彻到幼儿教育实践中。在区角中观察到的某些幼儿身上出现的问题或现象可能是班级绝大多数幼儿身上都有的典型现象。就可以以点带面围绕共性的问题有目的地观察并解决。

行动方案

根据班级幼儿近期在区角活动中的情况，小王老师和同班的其他老师商量了观察的策略：主班老师组织并观察整体幼儿，配班老师观察幼儿感兴趣并容易出现问题的区角，主班老师可以适当更换区角进行巡回指导，对本次的重点材料投放区角进行专项观察。配班老师可以对幼儿的秩序进行协调管理。两人有侧重有分工，合作完成对幼儿的观察与指导。

效果验证

周三上午的区角活动，两位老师分工合作，李老师负责幼儿整体的进区（角）活动，小王老师负责观察频繁更换区角的幼儿，结果发现淘淘先进了人最多的搭建区角，他把箱子里所有的杯子都取出来堆在瑜伽垫上开始和大家搭建，雪雪说："应该边搭边取，你看你都把场地弄乱了。"这时"城堡"哗啦一声倒了，小朋友都说："你看你……"接着淘淘去了美工区角，他取了彩色纸、黏土和纸盘，对仔仔说："我们一起来包饺子吧！"仔仔说："我们一起比比看谁撕贴的房子最漂亮吧！"淘淘说："那好吧"！ 4 分 15 秒后，淘淘看了看仔仔的蘑菇房子，又看看自己底板上的三角形，站起来说："我要去科学区角玩啦……"就这样他不停换区角直到进了阅读区角，取了《西游记》，他看阅读区角没有小朋友，准备站起来的时候，小王老师坐在他的旁边说："你好！故事大王，你可以讲故事给我听吗？"他看了老师一眼，哈哈笑了几声："故事大王？当然可以。"接着他就生动形象地讲了起来……讲完他说："下次我们还来阅读区角讲故事好吗？"

针对个别幼儿在区角活动中存在的问题，教师可以针对个体差异因材施教，帮助幼儿养成良好的区角活动习惯，可以利用榜样、奖励等方式延长幼儿在活动时的专注时间，逐步改变幼儿在区角活动中频繁更换区角，活动深入不下去的习惯，让幼儿知道做一件事情要坚持到底，完成一件事情之后再去做其他的事情。经过一段时间的努力，幼儿渐渐在区角活动中体验到了坚持的意义、成功的快乐，自信心也成长起来，不再频繁地更换区角。

附录

附录一 几种常见教室格局的活动区角设置方案

小面积教室(中班)

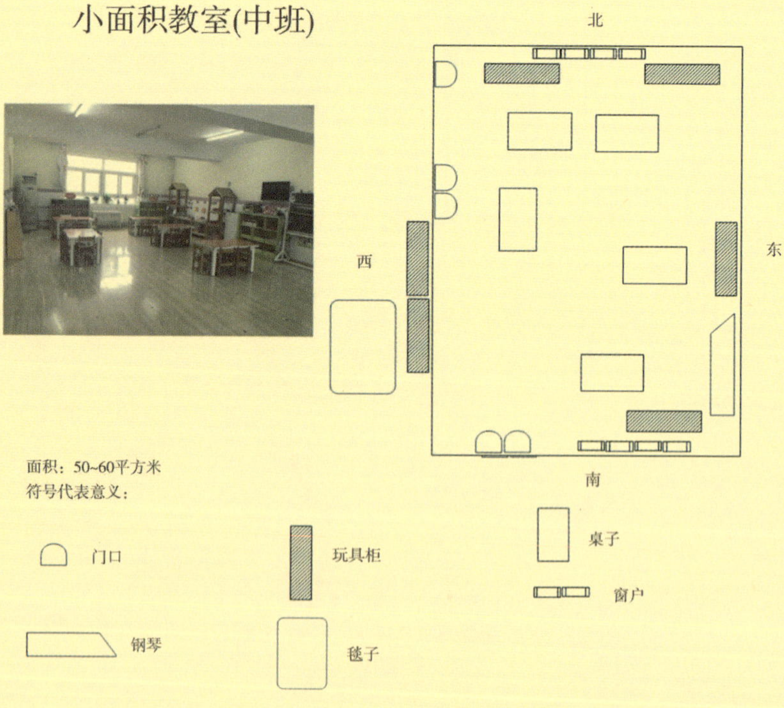

小面积教室(小班)

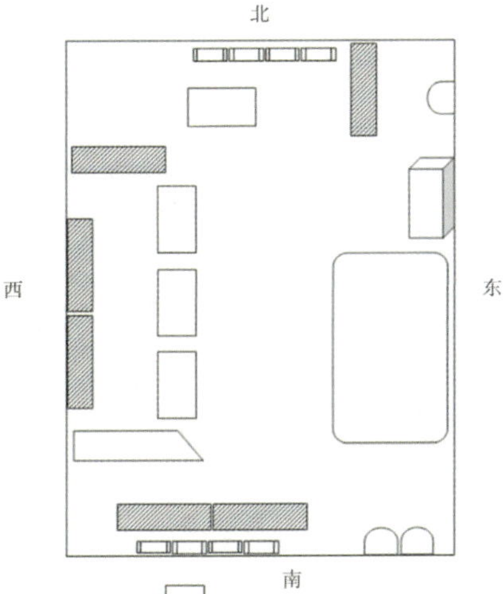

面积:50~60平方米
符号代表意义:

桌子　门口　玩具柜　窗户　钢琴　毯子　高柜子

大面积教室(大班)

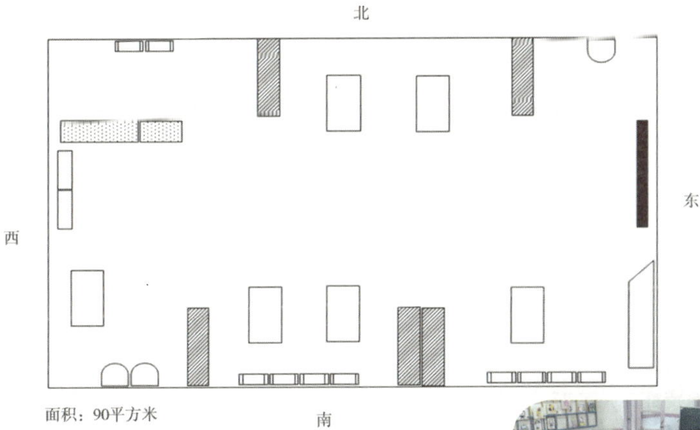

面积：90平方米
符号代表意义：

门口　玩具柜　窗户　桌子　黑板　钢琴　高低架

附录

区角格局平面图(小班)

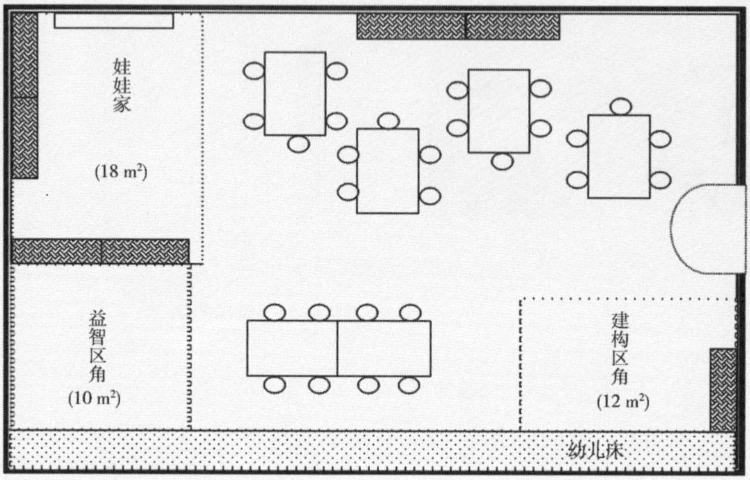

- 教室面积 100平方米
- 玩具柜

区角格局平面图(中班)

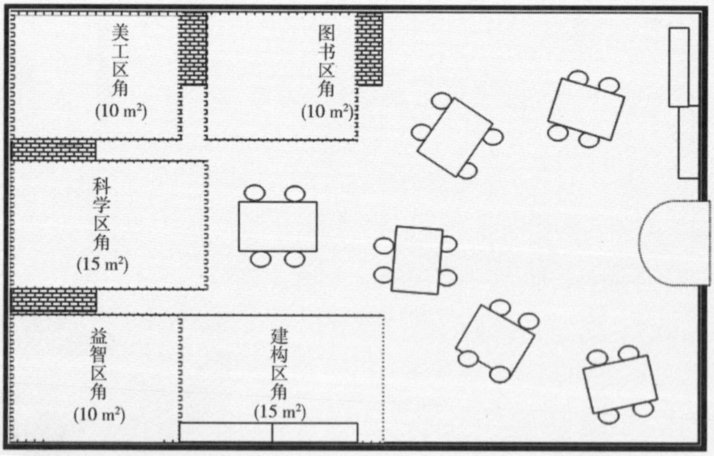

- 教室面积 160平方米
- 玩具柜

附录二　区角计划与方案

（一）区角活动实施方案的书写要求

区角活动实施方案一般采用教案式和表格式两种书写模式。教师可以从区角内容设置、材料投放、教师观察与指导以及幼儿发展等方面制订学年、学期、月以及周区角活动实施方案，在设计意图、目标、准备过程等方面作出具体安排，体现教师在某一阶段内对班级区角设置的思路以及在游戏中对幼儿发展的具体规划，保证教师有目的、有计划地开展班级区角活动。教师要注意根据幼儿特点和班级区角活动具体发展情况，制订适合本班特色的活动方案。教师根据游戏的教育目标制订计划，通过创设适宜的游戏条件，并在活动过程中及时指导影响幼儿的行为，激发幼儿对周围环境的兴趣，积极实践探索，从而达到促进幼儿全面和谐发展的目的。下面分别为大家提供班级区角活动实施方案范例以供参考。

（二）教案式区角游戏活动实施方案举例

1. 中班区角活动方案

（1）活动目标：

①初步掌握新增材料的玩法，愿意主动探索操作。

②遇到问题会寻找办法解决，能坚持完成活动内容。

③乐于分享自己的方法和经验，喜欢和同伴一起游戏，体验参

与区角活动的快乐。

（2）活动材料准备：

音乐区角：钢琴、铃鼓、响板、双响筒、手摇铃、小鼓等。

语言区角：不同物品的卡片、各种故事卡片、手偶、指偶、拼图等。

科学区角：陀螺、手电筒，粗糙与光滑的物体、沉与浮的物体、会滚动的物体，风车、魔箱、旋转荷花等。

手工区角：不织布、胶棒、双面胶、纸板、手工纸等。

（3）活动重难点：初步掌握新增材料的玩法，并能主动与同伴交流。

（4）活动过程：

①老师引导幼儿观察新增区角材料，讲解玩法

a. 提问：你们喜欢区角活动吗？在上次的活动中，小朋友们学会了相互合作的本领，还有的小朋友发现了磁铁的秘密。希望小朋友们今天也有所收获。

b. 介绍新增的区角材料：今天老师在科学区角投放了新的区角材料：企鹅钓鱼，小朋友们来看看，想一想企鹅怎样才可以钓到鱼。

c. 幼儿自由讨论。

小结：我们应将鱼竿带磁铁的一端放置在冰洞内，然后将小鱼从洞里钓出来。

d. 提问：前段时间我们比较了两种星星特征，并根据比较结果进行多次分类。冬天到了，数学区角也增添了新材料：帽子和雪娃娃，请小朋友根据我们学习过的分类方法，按照特征给它们分类，看看谁分的种类最多，摆的速度最快。

小结：科学区角和数学区角的新材料我们都认识了，有的小朋友想到了很好的方法。语言区角、美工区角也增加了新的材料，请小朋友找一找，试一试，看看新材料有哪些新玩法，对你旁边的小朋友讲一讲，动动脑筋用一用，比比谁发现的玩法最多，谁的想法最特别。

②幼儿自主选择区角进行活动

a. 幼儿根据自己的兴趣和意愿选择区角进行活动。

b. 教师巡回观察幼儿的活动，对个别新材料，个别幼儿作适时指导。鼓励幼儿大胆尝试、探索，及时捕捉幼儿的创造性表现，给予

肯定。

c. 发现幼儿遇到困难想放弃时，给予适时指导。

小结：有的小朋友能够想办法尝试新材料，玩法很有意思；有的小朋友遇到困难，能够坚持去做，学会请别人帮助自己完成探索活动，你们做得真好。请个别小朋友在活动时轻声交流、轻拿轻放，保持室内安静，专心操作，不要影响到其他小朋友。

③师生交流共享，集体评价

a. 幼儿展示、介绍自己的操作成果，部分展示在展示栏中，增强幼儿的自信心及成就感，让幼儿表述自己的想法和心情，体验并分享自己的快乐。

b. 引导不自信的幼儿大胆展示自己的作品及成果。

c. 请幼儿讲讲活动中遇到的困难，遇到后是怎么做的。

d. 幼儿自由交流。

小结：有的小朋友在活动中遇到困难，会请其他小朋友或者老师一起想办法解决，坚持下去取得了胜利，这就是小朋友做得最好的地方，如果小朋友都可以坚持做事情，就会变得越来越能干。所以，小朋友在遇到困难时，不要放弃，想办法克服，这样才会学到更多的本领。

④收拾区角材料，将物品归回原位，活动结束。

2. 大班建构区角游戏月活动实施方案

（1）设计意图

建构游戏能发展幼儿想象力，增强幼儿动手能力以及创造力，使幼儿了解各种建构材料的性质，学习空间关系的知识，帮助幼儿理解整体与部分的概念，增强对数量和图形的认识，在游戏中，培养耐心、协作、互助、坚持等良好的学习品质和行为品质。《纲要》中也指出要为幼儿探究活动创造宽松的环境，让每个幼儿都有机会参与尝试。

大班的幼儿具备一定的生活经验和建构能力，那么在建构中要使幼儿在观察和感受的基础上，搭建或拼接出体现事物典型特征的作品。幼儿会根据主题需要，选择和制作辅助材料，不断丰富搭建主题，在搭建的过程中，幼儿可以尽情发挥想象力和创造力，搭建出有自己特色的建筑物，这对幼儿也是一种耐力的锻炼。我们本月围绕“美丽郑州”的二七塔和人民公园建筑进行搭建，重点围绕建筑特点、装饰风貌、情节贯穿等方面进行开展和创设，把孩子的生活经验融入建构活动，使建构游戏更具有生活气息和趣味。

（2）发展目标

①根据已有建构经验进行有规律的搭建，组建二七纪念塔和周围大型建筑，并进行装饰。

②愿意与同伴合作，体验不同的游戏角色，乐意表达自己对主体建筑的想法，建立稳固合作建构的经验。

③在建构游戏中，会组合材料，主体模式有创意，体验参与游戏的快乐。

（3）实施方案

第一周：教师出示建构的材料，让幼儿对材料有一定的了解，之后出示照片（每个主题有两张照片），幼儿可以依照照片进行有规律的搭建。教师提出要求：有规律的搭建，如按照易拉罐颜色、纸板形状、盒子大小、距离等进行有规律的搭建。

本周目的在于让幼儿初步认识新材料，并进行简单的搭建；能根据图示进行有规律的搭建，巩固按规律排序的知识。发展幼儿善于观察，能按规律搭建的能力。

第二周：幼儿根据力的平衡点进行垒高和搭建。当搭建到一定高度，建筑物经常会倒塌，所以本周主要让孩子们学习如何找到平衡点，让建筑更加稳固。

本周的玩法在发展幼儿动手能力的同时，也让幼儿学会找到平衡点，使幼儿将物体搭建得更高。

第三周：增加搭建塔、迷宫等主题的难度，教师出示较为复杂的示意图，引导幼儿学会看示意图，幼儿可以根据示意图进行建构，也可以自主创作。

本周目的在于发展幼儿的创造力和想象力，迁移生活经验，学会根据示意图搭建。

第四周：在搭建的过程中，让幼儿三两结合为一个小组，合作游戏，并对成品的设计意图及内容进行介绍，再鼓励幼儿将各自搭建的成果通过装饰衔接成为一个整体。

本月目的在于合作进行一个物体的搭建，提高幼儿的创造力和搭建水平，理解部分与整体的关系。

（三）图表式区角活动实施方案举例

班级周区角活动方案 1

班级：　　　执教教师：　　　第　周　　日期：

活动区名称	本周活动区（角）重点材料（新旧材料均可）	材料目标（幼儿发展）	玩法简介（新材料玩法）	指导重点（新材料及旧材料）
美工区角	树枝、皱纹纸、迎春花图片、桃花图片等	观察花朵造型特点，会用美工区角材料制作春天的花卉	能够用团、撕、剪、粘等方法制作立体花卉，能介绍经验	指导幼儿有层次制作花朵，并在树枝上牢固粘贴，会正确使用材料。指导幼儿合作使用双面胶，互相帮助
绘画区角	写生植物、线描写生步骤图、线描写生植物作品集、水粉画、彩色荧光笔、各色卡纸等	通过观察学习线描写生的方法，会进行简单的装饰	欣赏作品集，借鉴线描写生的方法，会观察、会使用、会借鉴、会创意	重点指导幼儿观察植物，确定起笔的方法，有意识进行遮挡画法的引导。能够利用其他作品的表达方式进行创作。指导线描、水粉等绘画材料的使用

（续表）

活动区名称	本周活动区(角)重点材料(新旧材料均可)	材料目标(幼儿发展)	玩法简介(新材料玩法)	指导重点(新材料及旧材料)
数学区角	钟表表盘、指针、电池、三段卡、生活卡片,8的分解组成操作材料	认识钟表,认识时间,知道钟表对应的时间与事件,会拨钟表。会操作8的分解组成材料,掌握8的分解组成内容	看时间拨表针,取三段卡对应,摆放事件图片。把8只小鸟分别放在树上树下,记录每一次树上树下小鸟的数量,相同的不记。了解8的分解组成有几组,并会说出来	重点指导时针、分针的意义,知道整点、半点的特点,会拨出来。指导不同事件所对应的时间,了解三段卡的使用方法。指导8的分解材料的操作流程和记录方法
健康区角	夹瓶盖	通过用筷子夹翻瓶盖,锻炼手部精细动作的能力,会正确使用筷子	把瓶盖一一夹翻过来;把瓶盖对应格子夹进去;两人对夹,用瓶盖下五子棋	指导幼儿使用筷子稳稳夹翻瓶盖的方法;指导幼儿掌握游戏规则,轮流夹瓶盖下棋
语言区角	《桃树下的小白兔》故事操作材料、故事卡添画材料	理解掌握故事内容与情节,操作材料讲述故事。能根据自己的理解添画故事情节	取材料与同伴分角色讲述故事内容,能加入自己的语言丰富情节。在故事卡上添画春天小动物活动的情景,创编故事内容,并用自己的方式进行记录,也可请老师帮助文字记录	指导幼儿完整讲述故事,提示故事发展情节和语言对话,引导幼儿用表情变化、音色表现动物特点,使故事讲述有情趣。指导幼儿在故事卡上添画,注意突出动物特点和情节内容,会用代表性的事物表示发生的事情

（续表）

活动区名称	本周活动区（角）重点材料（新旧材料均可）	材料目标（幼儿发展）	玩法简介（新材料玩法）	指导重点（新材料及旧材料）
科学区角	风车转转转的半成品材料、工具、成品风车	掌握风车的制作方法，会验证风车转动的方法，正确使用工具	观察成品风车的造型特点，会模仿制作，把工形钉与泡沫块结合制作轴心，用玻璃胶水及时粘贴加固，制作自己的风车	指导幼儿观察风车风叶交错摆放的方法，会用钉子固定轴心。告诉幼儿使用玻璃胶水时，需要有凝固晾干的时间，掌握组合工具材料的方法
音乐区角	《洋娃娃和小熊跳舞》的音乐节奏图、小鼓与其他乐器	能看懂节奏图，会用相应的乐器进行演奏	先用身体节奏进行练习，然后用乐器进行演奏，注意节奏型的特点，匀速拍节奏。可以一人演奏也可两人或多人演奏	指导幼儿看懂节奏型，孩子一起进行游戏，有强弱、快慢变化的节奏游戏，有身体不同部位的节奏游戏，然后再感受不同乐器敲击出来的特点，重点指导小鼓的使用方法
备注	（班级不同，其他区角内容可增添或调整）			

班级周区角活动方案 2

班级：　　执教教师：　　第　周　日期：

本周课程活动目标	本周围绕立夏节气开展园本课程。根据夏季的天气、事物、活动增添相关区角活动内容，了解初夏时节的一些习俗，初步感受夏天的乐趣。			
活动区(角)名称	材料目标（幼儿发展）	围绕目标投放重点材料	玩法简介（预设玩法）	指导重点（材料、行为、语言等）
数学区角	了解公斤秤的使用方法，会用公斤秤称人重量并进行比较	体重秤 公斤秤	物体分别放在两种秤上，进行称重、计量，也可将自己制作或带来的茶叶蛋、玩具等称重计量，了解秤的作用	从材料上指导幼儿观察不同秤的形状、刻度读取的方式等。 从行为上指导幼儿轻拿轻放，观察秤砣或指针偏摆的方向，会准确记录数量。 在语言上指导幼儿描述指针和秤砣刻度的变化，比较不同材料的重量，请幼儿用身体感受物体重量，进行数量和实际重量的比较，知道重量差别与外形大小没有直接关系

（续表）

活动区（角）名称	材料目标（幼儿发展）	围绕目标投放重点材料	玩法简介（预设玩法）	指导重点（材料、行为、语言等）
健康区角	了解彩色线套的使用方法，会编织彩色线套；白色乒乓球	彩色毛线与彩色丝线若干；步骤示意图	观察彩色线套的步骤示意图，能够根据示意图进行制作，从下往上或从上往下，把乒乓球包在线套中，完成并打结；会与同伴合作完成制作；会讲述自己的制作方法	观察步骤图上从底部开始打结到上面一层一层分开编结的方法，掌握交错打结的方法。指导幼儿选择材料，学会合作制作 引导幼儿观察每一步打结出现的效果，引导幼儿会对比、思考、调整
语言区角	知道立夏对人们生活的意义；观察图书、图片了解立夏的习俗	立夏的各种习俗图片；立夏绘本图书	翻阅图书、图片，能够把自己感兴趣的记录下来	指导幼儿观察画面细节，知道立夏习俗的种类、名称、玩法。示范讲解不同习俗的做法。 讲述习俗内容，与幼儿探讨习俗的作用和趣味，感受立夏习俗文化的特点

（续表）

活动区（角）名称	材料目标（幼儿发展）	围绕目标投放重点材料	玩法简介（预设玩法）	指导重点（材料、行为、语言等）
科学区角	会比较不同蛋类的特点，判断结实的蛋，通过斗蛋验证结果，感受乐趣。 会使用玻璃球进行游戏	鸡蛋、鸭蛋若干，彩色玻璃弹珠若干，弹珠游戏底板一副	幼儿互约，猜测斗蛋谁赢，然后手握蛋进行撞击，蛋未碎者胜。 玻璃弹球，谁能把玻璃球用手弹进底板对面的圆形中	指导幼儿选择材料，观察蛋两端的区别。 示范斗蛋的方法，正确斗蛋，手不触及蛋，对面平行撞击。 提示幼儿耐心，观察别人的比赛，获得经验自己尝试，引导幼儿用语言表达自己的发现与感受
音乐区角	出示《买菜》歌曲图谱与打击乐材料，用生活中的材料进行打击乐演奏，如塑料桶、不锈钢桶、纸筒、木桶等，感受不同材质的不同音色，会合适地敲击与使用			
审核				